Declamador universal

Declamador universal

Editorial Época, S.A. de C.V.
Emperadores Núm. 185
Col. Portales
C.P. 03300, México, D.F.

Declamador universal

© Editorial Época, S.A. de C.V.
Emperadores No. 185. Col. Portales
C.P. 03300-México, D.F.
email: edesa2004@prodigy.net.mx
www.editorialepoca.com.mx
Tels: 5604-9046
5604-9072

ISBN: 970-627-403-8

Impreso en México — *Printed in Mexico*

PRÓLOGO

El Verbo, la Palabra, es un don que Dios ha puesto al alcance del hombre, para ennoblecer su condición por encima de todas las formas animadas.

Y el hombre se halla obligado a utilizar ese don divino de la manera más depurada posible, siquiera para agradecer al Creador el habérselo dado.

Y este deber se hace más imperioso cuando se trata de penetrar en los dominios de la palabra-arte, es decir, no la simple expresión adocenada y rutinaria de los sentimientos cotidianos, sino la palabra convertida en Poesía, la más sutil y quintaesenciada de las formas de expresión. Aquel que pronuncia en verso, ante un auditorio, sus obras rimadas, o las ajenas, debe poseer facultades para ello que no todo el mundo posee.

Pero esto no quiere decir que mediante un estudio apropiado no podamos adquirir las condiciones precisas para lo que llamamos declamación, es decir, el arte de "hablar en escena", con arreglo a modos establecidos. Una misma palabra, pronunciada en la casa, o en mitad de la calle, requiere sobre la escena una modulación o acento especiales que forman parte del arte a que nos referimos.

"Hablar en escena" no quiere decir, necesariamente, que se interprete un papel dentro de cualquier comedia o drama. Con frecuencia se utilizan las "tablas" —como el argot teatral denomina al piso del escenario—, para recitar sobre ellas las obras cumbre de la literatura mundial, o aquellas otras que sin llegar a tal altura poseen atributos suficientes para emocionar, edificar o divertir a un auditorio. En tales casos

se hace indispensable "declamar" en debida forma, ya que de no ser así perderá todo interés lo que el público escucha.

Estas constataciones no se contraen a la poesía de un modo exclusivo: ni se entiende siempre por poesía tan sólo lo que se haya compuesto en verso.

Existen obras en prosa, cuya delicadeza excluye la imprescindible necesidad de la rima. En ocasiones, las obras se clasifican como prosa rimada. En otras, el orador, es decir, el declamador, puede pronunciar extensos parlamentos no literarios, como el abogado en el foro o el ministro en la tribuna. No obstante, sus piezas oratorias perderán una cantidad considerable de vigor persuasivo, si no están bien "declamadas". Un orador de cualquier clase que no enfatice de manera conveniente lo que habla, que no distribuya las pausas como es debido ni señale con adecuadas inflexiones de voz los párrafos sobresalientes, adormecerá de seguro al auditorio, como los relatores de juzgado que dan lectura a un inventario o cosa parecida.

Elementos decisivos en la buena declamación de los textos son:

La voz

Factor importantísimo para los efectos que se desean producir, es la musicalidad, la resonancia de la voz. Una tonalidad chillona, sorda, carraspeante, quita eficacia a lo que se oye, molesta el tímpano del auditor y suele impedir que las frases sean recogidas debidamente e interpretadas en justicia. Esto exige firme voluntad para eliminar tales defectos y no es imposible obtener buenos resultados si se sigue el ejemplo de los hombres y mujeres que educan su voz para el canto.

La dicción

Hemos dicho antes de ahora que conviene "enfatizar" las frases para infundir lucimiento a determinados pasajes de la oración. Esto no quiere decir que una enfatización exagerada o inoportuna añada mérito a la labor declamatoria, sino todo lo contrario. Ocurre como en determinados guisos, en los que si se exagera el condimento que los hace apetitosos, resultan por el contrario repulsivos.

La dicción debe ser ante todo clara. Los vocablos deben ser pronunciados con absoluta seguridad. El cambio de una letra es susceptible de transformar el sentido de toda una frase. Un acento mal interpretado es capaz de volver cómico un efecto trágico. Para ello no estará de más que el aspirante a declamador revise y perfeccione sus conocimientos en prosodia y ortografía.

Si se ha conseguido educar la voz, desembarazándola de los defectos antes aludidos, se halla el aspirante en buen camino para el logro de sus propósitos. Una vez poseedor de una voz agradable —no es preciso que garantice registros agudos o bajos, como los divos de ópera—, y ejercitada la dicción mediante el empleo de pacientes prácticas, aparece otra circunstancia muy digna de ser tenida en cuenta. Nos referimos a la emisión.

En el estudio del canto, que en muchos aspectos se asemeja al de la declamación, los profesores cuidan mucho la emisión de la voz, tan luego como han conseguido impostarla. La impostación para el declamador no reviste la misma trascendencia que para el cantante, pero sí la emisión. Es muy conveniente tener en cuenta que el aire es el vehículo en que la voz viaja por el espacio y se hace necesario dosificarlo en relación con la práctica oratoria.

Antes de comenzar el discurso, poema o sermón, o la intervención en el diálogo escénico, no estará por demás llenar debidamente de aire los pulmones, con lo cual la entonación de lo que se diga ganará en rotundidad y su eco resonará satisfactoriamente en los ámbitos de un local cerrado. De igual modo habrá que cuidar de que no se agote nunca la provisión de aire, puesto que nada es más ridículo que la sensación de ahogo al final de una frase altisonante o de una tirada de endecasílabos sonoros.

La mímica

Resueltas satisfactoriamente estas dificultades, el declamador está obligado a tomar muy en cuenta sus gestos y actitudes. Se han dado casos en que oradores, declamadores y artistas de teatro han afeado sus buenas cualidades de voz, entonación y emisión a causa de gestos fuera de lugar, a veces voluntarios, pero equivocados siempre. Debe tenerse muy en cuenta lo preciso que se hace aunar lo que se está diciendo, con el modo de decirlo. Y no adoptar, por ejemplo, una actitud de emperatriz si se declama una pastorela, o de virgen de retablo cuando se profiere con indignado acento una diatriba social.

Tampoco es cosa de descuidar la mímica propiamente dicha. Ésta difiere de los gestos simples, por el hecho de que no se concreta a acompañar la música bucal del poema recitado, sino que forma parte del mismo, estrechamente asociada al arte oratorio, del cual es mejor que auxiliar, propulsora. La mímica del que recita debe manifestarse prudente siempre, pero no demasiado si la intensidad del recital es trágica o patética. Es muy difícil establecer reglas infalibles, puesto que todo depende, por lo general, de la disposición y la intuición del que actúa. Del mismo modo que quien maneja un automóvil debe resolver en una fracción de segundo la maniobra que se impone para evitar un choque fatal, el declamador no puede detenerse a pensar qué mímica empleará para subrayar la frase que sigue a la que ya tiene en boca. Debe adoptarla por una especie de mecanismo intuitivo análogo al del automovilista en forma tal que acierte, sin vacilación, con el gesto, actitud o postura que hacen faltan.

Por lo que hace a esta última, se evitará siempre caer en lo desproporcionado tanto como en lo tímido. No es posible decir a los interesados: "hagan esto o lo otro". Cada persona posee su figura y le van gestos que no le van a otra. La práctica, el estudio y la vocación son los mejores mentores al respecto.

La declamación debe ser dosificada. Comenzar con mesura y acentuar gradualmente la intensidad. De vez en cuando, si el texto lo requiere, se pueden marcar un fortíssimo, un stacato o lo que convenga marcar. Pero siempre con seguridad, sin alharacas innecesarias, ni retorcimientos de poseído. Manos y brazos deben estar al servicio de lo que se declama y la inteligencia hará el resto.

Quien aspire a declamar, debe dedicarse a ello, tanto como estudiar la técnica declamatoria. El nadador no aprenderá nunca ni aun a sostenerse, si no empieza por arrojarse al agua y trata de moverse en ella. Más tarde será hora de perfeccionar cuanto llevamos dicho en materia de voz, gesto y dicción, como el nadador afina su brazada, su respiración y su estilo.

Y si de lo que se trata es de ser lo que podríamos denominar un declamador autodidacta, lo más aconsejable es que, una vez leídos con recogimiento los poemas que contiene este tratado, el aspirante escoja aquellos que mejor se acomoden con su temperamento personal. Una vez aprendidos de memoria, pasará a ensayar repetidas veces las inflexiones del tono y los ademanes complementarios. Esto de acuerdo con su buen sentido, que nunca le hará sonreír describiendo un entierro ni llorar recitando versos bufos.

Se organizará el "debut". El público es indispensable para perder el apocamiento. En principio serán papá, mamá, los hermanitos. El círculo se ampliará con los amigos de la casa y el principiante no tardará en advertir si el efecto que produce es positivo o negativo. El parecer, eventual, de algún experto no estará nunca de más, para limar resabios y tics, pero sin carácter de profesor permanente. El mejor profesor es uno mismo a poco que se acierte a interpretar las reacciones del auditorio, el buen criterio asesorado por la lógica y la vocación.

No debemos olvidar que los públicos más difíciles son los más próximos a nosotros, como los familiares y los amigos. Por aquello de la confianza se permiten chanzas e interrupciones en que no incurriría un extraño. No importa. La música domestica las fieras —dicen—, el talento, cuando lo hay, llega a impresionar y emocionar a los peores auditorios domésticos. Domeñados éstos, no tema el declamador habérselas con un "Auditorium" repleto.

Ante un cadáver

¡Y bien! aquí está ya... sobre la plancha
donde el gran horizonte de la ciencia
la extensión de sus límites ensancha.

Aquí donde la rígida experiencia
viene a dictar las leyes superiores
a que está sometida la existencia.

Aquí donde derrama sus fulgores
ese astro a cuya luz desaparece
la distinción de esclavos y señores.
Aquí donde la fábula enmudece
y la voz de los hechos se levanta
y la superstición se desvanece.

Aquí donde la ciencia se adelanta
a leer la solución de ese problema
cuyo solo enunciado nos espanta.

Ella que tiene la razón por lema
y que en tus labios escuchar ansía
la augusta voz de la verdad suprema.

Aquí está ya... tras de la lucha impía
en que romper al cabo conseguiste
la cárcel que al dolor te retenía.

La luz de tus pupilas ya no existe,
tu máquina vital descansa inerte
y a cumplir con su objeto se resiste.

¡Miseria y nada más! dirán al verte
los que creen que el imperio de la vida
acaba donde empieza el de la muerte.

Y suponiendo tu misión cumplida
se acercarán a ti, y en su mirada
te mandarán la eterna despedida

Pero, ¡no!... tu misión no está acabada,
que ni es la nada el punto en que nacemos
ni el punto en que morimos es la nada.

Círculo es la existencia, y mal hacemos
cuando al querer medirla le asignamos
la cuna y el sepulcro por extremos.

La madre es sólo el molde en que tomamos
nuestra forma, la forma pasajera
con que la ingrata vida atravesamos.

Pero no es esa forma la primera
que nuestro ser reviste, ni tampoco
será su última forma cuando muera.

Tú sin aliento ya dentro de poco
volverás a la tierra y a su seno
que es de la vida universal el foco.
Y allí, a la vida en apariencia ajeno,
el poder de la lluvia y del verano
fecundará de gérmenes tu cieno.

Y al ascender de la raíz al grano,
irás del vegetal a ser testigo
en el laboratorio soberano;

tal vez, para volver cambiado en trigo
al triste hogar donde la triste esposa
sin encontrar un pan sueña contigo.

En tanto que las grietas de tu fosa,
verán alzarse de su fondo abierto
la larva convertida en mariposa;

que en los ensayos de su vuelo incierto,
irá al lecho infeliz de tus amores
a llevarle tus ósculos de muerto.

Y en medio de esos cambios interiores
tu cráneo lleno de una nueva vida,
en vez de pensamientos dará flores,

en cuyo cáliz brillará escondida
la lágrima, tal vez, con que tu amada
acompañó el adiós de tu partida.

La tumba es el final de la jornada,
porque en la tumba es donde queda muerta
la llama en nuestro espíritu encerrada.

Pero en esa mansión a cuya puerta
se extingue nuestro aliento, hay otro aliento
que de nuevo a la vida nos despierta.

Allí acaban la fuerza y el talento,
allí acaban los goces y los males,
allí acaban la fe y el sentimiento.

Allí acaban los lazos terrenales,
y mezclados el sabio y el idiota
se hunden en la región de los iguales.

Pero allí donde el ánimo se agota
y perece la máquina, allí mismo
el ser que muere es otro ser que brota.

El poderoso y fecundante abismo
del antiguo organismo se apodera
y forma y hace de él otro organismo.

Abandona a la historia justiciera
un nombre sin cuidarse, indiferente,
de que ese hombre se eternice o muera.

Él recoge la masa únicamente,
y cambiando las formas y el objeto
se encarga de que viva eternamente;

la tumba sólo guarda un esqueleto,
mas la vida en su bóveda mortuoria
prosigue alimentándose en secreto.

Que al fin de esta existencia transitoria
a la que tanto nuestro afán se adhiere,
la materia, inmortal como la gloria,
cambia de formas, pero nunca muere.

Manuel Acuña

Nocturno

A ROSARIO

I

¡Pues bien! Yo necesito
  decirte que te adoro,
decirte que te quiero
  con todo el corazón;
que es mucho lo que sufro,
  que es mucho lo que lloro,
que ya no puedo tanto,
  y al grito en que te imploro,
te imploro y te hablo en nombre
  de mi última ilusión.

II

Yo quiero que tú sepas
  que ya hace muchos días
estoy enfermo y pálido
  de tanto no dormir;
que ya se han muerto todas
  las esperanzas mías,
que están mis noches negras,
  tan negras y sombrías,
que ya no sé ni dónde
  se alzaba el porvenir.

III

De noche, cuando pongo
mis sienes en la almohada
y hacia otros mundos quiero
mí espíritu volver,
camino mucho, mucho,
y al fin de la jornada
las formas de mi madre
se pierden en la nada
y tú de nuevo vuelves
en mi alma a aparecer.

IV

Comprendo que tus besos
jamás han de ser míos,
comprendo que en tus ojos
no me he de ver jamás,
y te amo y en mis locos
y ardientes desvaríos
bendigo tus desdenes,
adoro tus desvíos,
y en vez de amarte menos,
te quiero mucho más.

V

A veces pienso en darte
mi eterna despedida,
borrarte en mis recuerdos
y hundirte en mi pasión;
mas si es en vano todo
y el alma no te olvida,
¿que quieres tú que yo haga,
pedazo de mi vida?

¿Qué quieres tú que yo haga
con este corazón?

VI

Y luego que ya estaba
concluido tu santuario,
la lámpara encendida,
tu velo en el altar;
el sol de la mañana
detrás del campanario,
chispeando las antorchas,
humeando el incensario,
y abierta allá a lo lejos
la puerta del hogar...

VII

¡Qué hermoso hubiera sido
vivir bajo aquel techo,
los dos unidos siempre
y amándonos los dos;
tú siempre enamorada,
yo siempre satisfecho,
los dos una sola alma,
los dos un solo pecho,
y en medio de nosotros
mi madre como un Dios!

VIII

¡Figúrate qué hermosas
las horas de esa vida!
¡Qué dulce y bello el viaje
por una tierra así!

Y yo soñaba en eso,
  mi santa prometida;
y al delirar en ello
  con la alma, estremecida,
pensaba yo en ser bueno
  por ti, no más por ti.

IX

¡Bien sabe Dios que ése era
mi más hermoso sueño,
mi afán y mi esperanza,
  mi dicha y mi placer;
bien sabe Dios que en nada
  cifraba yo mi empeño,
sino en amarte mucho
  bajo el hogar risueño
que me envolvió en sus besos
  cuando me vio nacer!

X

Ésa era mi esperanza...,
  mas ya que a sus fulgores
se opone el hondo abismo
  que existe entre los dos,
¡adiós por la vez última,
  amor de mis amores;
la luz de mis tinieblas,
  la esencia de mis flores;
mi lira de poeta,
  mi juventud, adiós!

Manuel Acuña

A la Patria

Ante el recuerdo bendito
de aquella noche sagrada
en que la patria aherrojada
rompió al fin su esclavitud;
ante la dulce memoria
de aquella hora y de aquel día,
yo siento que el alma mía
canta algo como un laúd.

Yo siento que brota en flores
el huerto de mi ternura,
que tiembla entre su espesura,
la estrofa de una canción;
y al sonoroso y ardiente
murmurar de cada nota,
siento algo grande que brota
dentro de mi corazón.

¡Bendita noche de gloria
que así mi espíritu agitas,
bendita entre las benditas
noche de la libertad!
Hora de triunfo en que el pueblo
al sol de la independencia
dejó libre la conciencia
rompiendo la oscuridad.

Yo te amo... y al acercarme
ante este altar de victoria
donde la patria y la historia
contemplan nuestro placer:
yo vengo a unir al tributo
que en darte el pueblo se afana
mi canto de mexicana,
mi corazón de mujer.

Manuel Acuña

El brindis del bohemio

En torno de una mesa de cantina,
una noche de invierno,
regocijadamente departían
seis alegres bohemios.

Los ecos de sus risas escapaban
y de aquel barrio quieto
iban a interrumpir el imponente
y profundo silencio.

El humo de olorosos cigarrillos
en espirales se elevaba al cielo,
simbolizando al resolverse en nada,
la vida de los sueños.

Pero en todos los labios había risas,
inspiración en todos los cerebros,
y, repartidas en la mesa, copas
pletóricas de ron, whisky o ajenjo.

Era curioso ver aquel conjunto,
aquel grupo bohemio,
del que brotaba la palabra chusca,
la que vierte veneno,
lo mismo que, melosa y delicada,
la música de un verso.

A cada nueva libación, las penas
hallábanse más lejos
del grupo, y nueva inspiración llegaba
a todos los cerebros,
con el idilio roto que venía
en alas del recuerdo.

Olvidaba decir que aquella noche,
aquel grupo bohemio
celebraba entre risas, libaciones,
chascarrillos y versos,
la agonía de un año que amarguras
dejó en todos los pechos,
y la llegada, consecuencia lógica,
del "feliz año nuevo"...

Una voz varonil dijo de pronto:
—Las doce, compañeros;
digamos el *requiescat* por el año
que ha pasado a formar entre los muertos.
¡Brindemos por el año que comienza!
Porque nos traiga ensueños;
porque no sea su equipaje un cúmulo
de amargos desconsuelos...

—Brindo, dijo otra voz, por la esperanza
que a la vida nos lanza,
de vencer los rigores del destino,
por la esperanza, nuestra dulce amiga,
que las penas mitiga
y convierte en vergel nuestro camino.

Brindo porque ya hubiese a mi existencia
puesto fin con violencia

esgrimiendo en mi frente mi venganza;
si en mi cielo de tul limpio y divino
no alumbrara mi sino
una pálida estrella: mi esperanza.

—¡Bravo! —dijeron todos—, inspirado
esta noche has estado
y hablaste bueno, breve y sustancioso.
El turno es de Raúl; alce su copa
y brinde por... Europa,
ya que su extranjerismo es delicioso...

—Bebo y brindo —clamó el interpelado—;
brindo por mi pasado,
que fue de luz, de amor y de alegría,
y en el que hubo mujeres seductoras
y frentes soñadoras
que se juntaron con la frente mía...

Brindo por el ayer que en la amargura
que hoy cubre de negrura
mi corazón, esparce sus consuelos
trayendo hasta mi mente las dulzuras
de goces, de ternuras,
de dichas, de deliquios, de desvelos.

—Yo brindo —dijo Juan—, porque en mi mente
brote un torrente
de inspiración divina y seductora,
porque vibre en las cuerdas de mi lira
el verso que suspira,
que sonríe, que canta y que enamora.

Brindo porque mis versos cual saetas
lleguen hasta las grietas
formadas de metal y de granito,
del corazón de la mujer ingrata
que a desdenes me mata...
¡pero que tiene un cuerpo muy bonito!

Porque a su corazón llegue mi canto,
porque enjuguen mi llanto
sus manos que me causan embelesos;
porque con creces mi pasión me pague...
¡vamos!, porque me embriague
con el divino néctar de sus besos.

Siguió la tempestad de frases vanas,
de aquellas tan humanas
que hallan en todas partes acomodo,
y en cada frase de entusiasmo ardiente,
hubo ovación creciente,
y libaciones, y reír, y todo.

Se brindó por la Patria, por las flores,
por los castos amores
que hacen un valladar de una ventana,
y por esas pasiones voluptuosas
que el fango del placer llenan de rosas,
y hacen de la mujer la cortesana.

Sólo faltaba un brindis, el de Arturo,
el del bohemio puro, de noble corazón
y gran cabeza; aquel que sin ambages
declaraba que sólo ambicionaba
robarle inspiración a la tristeza.

Por todos estrechado, alzó la copa
frente a la alegre tropa
desbordante de risas y de contento;
los inundó en la luz de una mirada,
sacudió su melena alborotada
y dijo así, con inspirado acento:

—Brindo por la mujer, mas no por esa
en la que halláis consuelo en la tristeza,
rescoldo del placer ¡desventurados!;
no por esa que os brinda sus hechizos
cuando besáis sus rizos
artificiosamente perfumados.

Yo no brindo por ella, compañeros,
siento por esta vez no complaceros.
Brindo por la mujer, pero por una,
por la que me brindó sus embelesos
y me envolvió en sus besos:
por la mujer que me arrulló en la cuna.

Por la mujer que me enseñó de niño
lo que vale el cariño
exquisito, profundo y verdadero;
por la mujer que me arrulló en sus brazos
y que me dio en pedazos,
uno por uno, el corazón entero.

¡Por mi Madre! bohemios, por la anciana
que piensa en el mañana
como en algo muy dulce y muy deseado,
porque sueña tal vez, que mi destino
me señala el camino
por el que volveré pronto a su lado.

Por la anciana adorada y bendecida,
por la que con su sangre me dio vida,
y ternura y cariño;
por la que fue la luz del alma mía,
y lloró de alegría,
sintiendo mi cabeza en su corpiño.

Por ésa brindo yo, dejad que llore,
que en lágrimas desflore
esta pena letal que me asesina;
dejad que brinde por mi madre ausente,
por la que llora y siente
que mi ausencia es un fuego que calcina.

Por la anciana infeliz que sufre y llora
y que del cielo implora
que vuelva yo muy pronto a estar con ella;
por mi Madre, bohemios, que es dulzura
vertida en mi amargura
y en esta noche de mi vida, estrella...

El bohemio calló; ningún acento
profanó el sentimiento
nacido del dolor y la ternura,
y pareció que sobre aquel ambiente
flotaba inmensamente
un poema de amor y de amargura.

Guillermo Aguirre y Fierro

Gloria

Dime: ¿por qué suspiras,
bendita madre,
cuando de regocijo
tiemblan los aires?
Di: ¿por qué lloras?
¿No oyes que las campanas
tocan a gloria?

¡Oh!, déjame que llore...
Dejad que muera...
¡Al hijo de mi vida!
¡Ya se lo llevan!
¿No veis mi duelo?
¿No oís que las campanas
tocan a muerto?

Tu pobre niño enfermo
triste gemía
ayer en tus brazos
madre bendita...
Y hoy ya no llora...
¡Hoy, por él, las campanas
tocan a gloria!

¡Ah!, sí... su alma de ángel
allá me espera...

pero su cuerpo hermoso
  yace en la tierra...
¡No podré verlo!
  Que por él las campanas
¡tocan a muerto!

De besos y de flores
  colmé su cuna...
¡Hoy de flores y lágrimas
  colmo su tumba!
Ya no lo veo...
  ¡Para él tocan a gloria!
¡Para mí, a muerto!

Pedro de Alarcón

La plegaria de los niños

En la campana del puerto
¡tocan, hijos, la oración...!
¡De rodillas... y roguemos
a la madre del Señor
por vuestro padre infelice,
que ha tanto tiempo partió,
y quizás esté luchando
de la mar con el furor!
Tal vez, a una tabla asido,
¡no lo permita el buen Dios!
náufrago, triste y hambriento,
y al sucumbir sin valor,
los ojos al cielo alzando
con lágrimas de aflicción,
dirija el adiós postrero
a los hijos de su amor.
¡Orad, orad, hijos míos,
la Virgen siempre escuchó
la plegaria de los niños
y los ayes del dolor!

En una humilde cabaña,
con piadosa devoción,
puesta de hinojos y triste
a sus hijos así habló

la mujer de un marinero,
al oír la santa voz
de la campana del puerto
que tocaba la oración.

Rezaron los pobres niños
y la madre, con fervor;
todo quedóse en silencio
y después sólo se oyó,
entre apagados sollozos,
de las olas el rumor.

De repente en la bocana
truena lejano el cañón:
"¡Entra buque!", allá en la playa
la gente ansiosa gritó.
Los niños se levantaron;
mas la esposa, en su dolor,
"no es vuestro padre, les dijo:
tantas veces me engañó
la esperanza, que hoy no puede
alegrarse el corazón".

Pero después de una pausa
ligero un hombre subió
por el angosto sendero,
murmurando una canción.

Era un marino... ¡Era el padre!
La mujer palideció
al oírle, y de rodillas,
palpitando de emoción,

dijo: "¿Lo veis, hijos míos?
La Virgen siempre escuchó
la plegaria de los niños
y los ayes del dolor".

Ignacio M. Altamirano

Era un jardín sonriente...

Era un jardín sonriente;
era una tranquila fuente
de cristal;
era, a su borde asomada,
una rosa inmaculada
de un rosal.

Era un viejo jardinero
que cuidaba con esmero
del vergel,
y era la rosa un tesoro
de más quilates que el oro
para él.

A la orilla de la fuente
un caballero pasó,
y la rosa dulcemente
de su tallo separó.

Y al notar el jardinero
que faltaba en el rosal,
cantaba así plañidero,
receloso de su mal:

—Rosa la más delicada
que por mi amor cultivada
        nunca fue;
rosa la más encendida
la más fragante y pulida
        que cuidé;
blanca estrella que del cielo
curiosa de ver el suelo
        resbaló;
a la que una mariposa
de mancharla temerosa
        no llegó.

¿Quién te quiere? ¿Quién te llama
por tu bien o por tu mal?
¿Quién te llevó de la rama
que no estás en tu rosal?

¿Tú no sabes que es grosero
el mundo? ¿Que es traicionero
        el amor?

¿Que no se aprecia en la vida
la pura miel escondida
        en la flor?

¿Bajo qué cielo caíste?
¿A quién tu tesoro diste
        virginal?

¿En que manos te deshojas?
¿Qué aliento quema tus hojas,
        infernal?

¿Quién te cuida con esmero
como el viejo jardinero
te cuidó?

¿Quién por ti sola suspira?
¿Quién te quiere? ¿Quién te mira
como yo?

¿Quién te miente que te ama
con fe y con ternura igual?
¿Quién te llevó de la rama,
que no estás en tu rosal?
¿Por qué te fuiste tan pura
de otra vida a la ventura
o al dolor?
¿Qué faltaba a tu recreo?
¿Qué a tu inocente deseo
soñador?

En la fuente limpia y clara
espejo que te copiara
¿no te di?

Los pájaros escondidos,
¿no cantaban en sus nidos
para ti?
Cuando era el aire de fuego,
¿no refresqué con mi riego
tu calor?

¿No te dio mi trato amigo
en las heladas abrigo
protector?

Quien para sí te reclama,
¿te hará bien o te hará mal?
¿Quién te llevó de la rama
que no estás en tu rosal?

Así un día y otro día,
entre espinas y entre flores,
el jardinero plañía
imaginando dolores
desde aquél en que a la fuente
un caballero llegó,
y la rosa dulcemente
de su tallo separó.

Serafín y Joaquín Álvarez Quintero

Bohemia

Llegaron mis amigos de colegio
y absortos vieron mi cadáver frío.
"Pobre", exclamaron y salieron todos:
ninguno de ellos un adiós me dijo.

Todos me abandonaron. En silencio
fui conducido al último recinto;
ninguno dio un suspiro al que partía,
ninguno al cementerio fue conmigo.

Cerró el sepulturero mi sepulcro;
me quejé, tuve miedo y sentí frío,
y gritar quise en mi cruel angustia,
pero en los labios expiró mi grito.

El aire me faltaba y luché en vano
por destrozar mi féretro sombrío,
y en tanto..., los gusanos devoraban,
cual suntuoso festín, mis miembros rígidos.

"Oh, mi amor, dije al fin, ¿y me abandonas?"
Pero al llegar su voz a mis oídos
sentí latir el corazón de nuevo,
y volví al triste mundo de los vivos:

Me alcé y abrí los ojos. ¡Cómo hervían
las copas de licor sobre los libros!
El cuarto daba vueltas, y dichosos
bebían y cantaban mis amigos.

Ismael Enrique Arciniegas

Cerraron sus ojos

RIMA LXXIII

Cerraron sus ojos
que aún tenía abiertos;
taparon su cara
con un blanco lienzo;
y unos sollozando,
otros en silencio,
de la triste alcoba
todos se salieron.

La luz, que en un vaso
ardía en el suelo
al muro arrojaba
la sombra del lecho;
y entre aquella sombra
veíase a intervalos,
dibujarse rígida
la forma del cuerpo.

Despertaba el día,
y a su albor primero,
con sus mil ruidos
despertaba el pueblo;
ante aquel contraste
de vida y misterios,
de luz y tinieblas,

medité un momento:
¡Dios mío, qué solos
se quedan los muertos!

De la casa en hombros
lleváronla al templo,
y en una capilla
dejaron el féretro:
allí rodearon
sus pálidos restos
de amarillas velas
y de paños negros.

Al dar las ánimas
el toque postrero,
acabó una vieja,
sus últimos rezos;
cruzó la ancha nave,
las puertas gimieron,
y el santo recinto
quedóse desierto.

De un reloj se oía,
compasado el péndulo
y de algunos cirios
el chisporroteo.

Tan medroso y triste,
tan oscuro y yerto todo
se encontraba...
que pensé un momento:
¡Dios mío, qué solos
se quedan los muertos!

De la alta campana
la lengua de hierro,
le dio volteando
su adiós lastimero.
El luto en las ropas,
amigos y deudos
cruzaron en fila,
formando el cortejo.

Del último asilo,
oscuro y estrecho,
abrió la piqueta
el nicho a un extremo.
Allí le acostaron,
tapiándola luego,
y con un saludo
despidióse el duelo.

La piqueta al hombro,
el sepulturero
cantando entre dientes
se perdió a lo lejos.

La noche se entraba,
reinaba el silencio;
medité un momento:
perdido en la sombra,
¡Dios mío, qué solos
se quedan los muertos!

En las largas noches
del helado invierno,
cuando las maderas
crujir hace el viento

y azota los vidrios
el fuerte aguacero,
de la pobre niña
a solas me acuerdo.

Allí cae la lluvia
del húmedo muro
con un son eterno:
allí la combate
el soplo del cierzo,
tendida en el hueco,
¡acaso de frío
se hielan los huesos!...

¿Vuelve el polvo al polvo?
¿vuela el alma al cielo?
¿Todo es vil materia,
podredumbre y cieno?
¡No sé; pero hay algo
que explicar no puedo,
que al par nos infunde
repugnancia y duelo,
al dejar tan tristes,
tan solos, los muertos!

Gustavo Adolfo Bécquer

Volverán las oscuras golondrinas

Volverán las oscuras golondrinas
en tu balcón sus nidos a colgar,
y otra vez con el ala a tus cristales
jugando llamarán;

pero aquellas que el vuelo refrenaban
tu hermosura y mi dicha al contemplar,
aquellas que aprendieron nuestros nombres...,
ésas... ¡no volverán!

Volverán las tupidas madreselvas
de tu jardín las tapias a escalar,
y otra vez a la tarde, aún más hermosas,
sus flores se abrirán;

pero aquéllas, cuajadas de rocío,
cuyas gotas mirábamos temblar
y caer, como lágrimas del día...,
ésas... ¡no volverán!

Volverán del amor en tus oídos
las palabras ardientes a sonar;
tu corazón de su profundo sueño
tal vez despertará;

pero mudo y absorto y de rodillas,
como se adora a Dios ante el altar,
como yo te he querido... desengáñate,
¡así no te querrán!

Gustavo Adolfo Bécquer

Porque son, niña

RIMA XII

Porque son, niña, tus ojos
verdes, como el mar, te quejas;
verdes los tienen las náyades,
verdes los tuvo Minerva,
y verdes son las pupilas
de las hurís del profeta.

El verde es gala y ornato
del bosque en la primavera.
Entre sus siete colores
brillante el Iris ostenta.
Las esmeraldas son verdes,
verde el color del que espera,
y las ondas del Océano,
y el laurel de los poetas.

Es tu mejilla temprana
rosa de escarcha cubierta,
en que el carmín de los pétalos
se ve al través de las perlas.

Y, sin embargo,
sé que te quejas,
porque tus ojos
crees que la afean:
pues no lo creas;
que parecen tus pupilas,
húmedas, verdes e inquietas,
tempranas hojas de almendro,
que al soplo del aire tiemblan.

Es tu boca de rubíes
purpúrea granada abierta,
que en el estío convida
a apagar la sed con ella.

Y, sin embargo,
sé que te quejas,
porque tus ojos
crees que la afean:
pues no lo creas;
que parecen, si enojada
tus pupilas centellean,
las olas de mar que rompen
en las cantábricas peñas.

Es tu frente que corona
crespón de oro en ancha trenza,
nevada cumbre en que el día
su postrera luz refleja.

Y, sin embargo,
sé que te quejas,
porque tus ojos
crees que la afean:
pues no lo creas;
que, entre las rubias pestañas,
junto a las sienes, semejan
broches de esmeralda y oro,
que un blanco armiño sujetan.

Gustavo Adolfo Bécquer

¡Habrá poesía!

RIMA IV

No digas que agotado su tesoro,
de asuntos falta, enmudeció la lira;
podrá no haber poetas, pero siempre
¡habrá poesía!

Mientras las ondas de la luz al beso
palpiten encendidas;
mientras el sol las desgarradas nubes
de fuego y oro vista;
mientras el aire en su regazo lleve
perfumes y armonías;
mientras haya en el mundo primavera,
¡habrá poesía!

Mientras la ciencia a descubrir no alcance
las fuentes de la vida;
y en el mar o en el cielo haya un abismo
que al cálculo resista;
mientras la humanidad siempre avanzando
no sepa a do camina;
mientras haya un misterio para el hombre,
¡habrá poesía!

Mientras sintamos que se alegra el alma,
sin que los labios rían;

mientras se llore sin que el llanto acuda
a nublar la pupila;
mientras el corazón y la cabeza
batallando prosigan;
mientras haya esperanzas y recuerdos,
¡habrá poesía!

Mientras haya unos ojos que reflejen
los ojos que los miran;
mientras responda el labio suspirando
al labio que suspira;
mientras sentirse puedan en un beso
dos almas confundidas;
mientras exista una mujer hermosa,
¡habrá poesía!

Gustavo Adolfo Bécquer

Cobarde

Raudo el buque navega. En la toldilla
fuma impasible el capitán negrero.
Por la abierta escotilla
sube murmullo ronco y plañidero,
que el sollozo semeja
de mil bestias humanas;
es el ébano vivo que se queja
al dejar las llanuras africanas.

Y mientras gime abajo el cargamento,
y a merced de las olas y del viento,
navega el barco por la mar bravía,
que nos relate el capitán un cuento,
pide a voces la audaz marinería.

—¿Una historia pedís? Ahí va la mía,
—el negrero exclamó—. Si por mi alarde
de arrojo temerario habéis creído,
que cual valiente soy, valiente he sido,
¡grande fue vuestro error! Yo fui un cobarde.

Yo fui cobarde, sí, porque yo amaba
con la ternura de la edad primera,
a una mujer que infame me engañaba,
y la amaba frenético, la amaba
como ama a sus cachorros la pantera.

No sé si su adulterio o mi cariño
la hicieron concebir un tierno niño,
mas sé que entre la madre y el hijuelo
tanta dicha gocé, tanta ventura,
que a deciros verdad, me figuraba
que casi comprendí lo que era el cielo.

Breves fueron mis cándidos amores,
breve mi dicha fue, breve mi calma,
y al saber la traición de los traidores
sentí del infierno los horrores,
dentro del corazón, dentro del alma.

A mi rival deshice a machetazos
y antes de herir a la que impía
rompió de amor los bendecidos lazos,
el arma se detuvo, que en los brazos
de la mujer culpable, sonreía
el. pequeñuelo débil e inocente,
y no quise manchar su tersa frente;
y de pueril ternura haciendo alarde,
por no dejar sin madre al pequeñuelo,
¡a la infiel perdoné como un cobarde!

J. M. Blanco Belmonte

La vida es sueño

Sueña el rey que es rey, y vive
con este engaño mandando,
disponiendo y gobernando;
y este aplauso que recibe
prestado, en el viento escribe;
y en cenizas le convierte
la Muerte ¡desdicha fuerte!
¡Que hay quien intente reinar
viendo que ha de despertar
en el sueño de la muerte!
Sueña el rico en su riqueza
que más cuidados le ofrece,
sueña el pobre que padece
su miseria y su pobreza;
sueña el que a medrar empieza,
sueña el que afana y pretende,
sueña el que agravia y ofende,
y en el mundo, en conclusión,
todos sueñan lo que son,
aunque ninguno lo entiende.
Yo sueño que estoy aquí
de estas cadenas cargado,
y soñé que en otro estado
más lisonjero me vi.
¿Qué es la vida? Un frenesí.

¿Qué es la vida? Una ilusión;
una sombra, una ficción,
y el mayor bien es pequeño.
¡Que toda la vida es sueño
y los sueños, sueños son!

Pedro Calderón de la Barca

El gaitero de Gijón

Ya se está el baile arreglando.
Y el gaitero ¿dónde está?
Está a su madre enterrando,
pero enseguida vendrá.
—Y vendrá. —Pues ¿qué ha de hacer?
Cumpliendo con su deber,
vedle con la gaita... pero,
¡cómo traerá el corazón
el gaitero
el gaitero de Gijón!
¡Pobre! ¡Al pensar que en su casa
toda dicha se ha perdido,
un llanto oculto le abrasa
que es cual plomo derretido!
Mas, como ganan sus manos
el pan para sus hermanos,
en gracia del panadero,
toca con resignación
el gaitero
el gaitero de Gijón.
¡No vio una madre más bella
la nación del Sol poniente!...
¡Pero ya una losa, de ella
le separa eternamente!

¡Gime y toca! ¡Horror sublime!
Mas, cuando entre dientes gime,
no bala como cordero,
pues ruge como un león
el gaitero,
el gaitero de Gijón.

La niña más bailadora
—¡aprisa! —le dice— ¡aprisa!
¡Y el gaitero sopla y llora!
poniendo cara de risa.
Y al mirar que de esta suerte
llora a un tiempo y los divierte,
silban, como Zoilo a Homero,
algunos sin compasión,
al gaitero,
al gaitero de Gijón.

Dice el triste en su agonía,
entre soplar y soplar:
—¡Madre mía, madre mía,
cómo alivia el suspirar!
Y es que en sus entrañas zumba
la voz que apagó la tumba.
¡Voz que pese al mundo entero,
siempre la oirá el corazón
del gaitero
del gaitero de Gijón!

Decid, lectores, conmigo:
¡cuánto gaitero hay así!
Preguntáis ¿por qué lo digo?
Por vos lo digo, y por mí.
No veis que al hacer, lectoras,
doloras y más doloras,
mientras yo de pena muero,

vos las recitáis, al son
del gaitero,
del gaitero,
del gaitero de Gijón...

Ramón de Campoamor

¡Quién supiera escribir!

—Escribidme una carta, señor cura.
—Ya sé para quién es.
—¿Sabéis quien es porque una noche oscura
nos visteis juntos? —Pues...
—Perdonad, mas... No extraño ese tropiezo.
La noche... la ocasión...

Dadme pluma y papel. Gracias. Empiezo:
Mi querido Ramón:
—¿Querido?... Pero en fin, ya lo habéis puesto.
—Si no queréis... —¡Sí, sí!
—*¡Que triste estoy!* ¿No es eso? —Por supuesto.
—*¡Que triste estoy sin ti!*

Una congoja al empezar me viene...
—¿Cómo sabéis mi mal?...
—Para un viejo, una niña siempre tiene
el pecho de cristal.

¿Qué es sin ti el mundo? Un valle de amargura.
¿Y contigo? Un Edén.
—Haced la letra clara, señor cura,
que lo entienda eso bien.

El beso aquel que de marchar a punto
te di... —¿Cómo sabéis?...
—Cuando se va y se viene y se está junto,
siempre... no os afrentéis.

Y si volver tu afecto no procura,
tanto me hará sufrir...
—¿Sufrir y nada más? No, señor cura,
¡que me voy a morir!
—¿Morir? ¿Sabéis que es ofender al cielo?...
—¡Pues, sí, señor: morir!
—Yo no pongo *morir.* —¡Qué hombre de hielo!...
¡Quién supiera escribir!

II

¡Señor rector, señor rector! En vano
me queréis complacer,
si no encarnan los signos de la mano
todo el ser de mi ser.

Escribidle, por Dios, que el alma mía
ya en mí no quiere estar:
que la pena no me ahoga cada día...
porque puedo llorar.

Que mis labios, las rosas de su aliento,
no se saben abrir;
que olvidan de la risa el movimiento
a fuerza de sentir.

Que mis ojos, que él tiene por tan bellos,
cargados con mi afán,
como no tienen quién se mire en ellos,
cerrados siempre están.

Que es, de cuantos tormentos he sufrido,
  la ausencia el más atroz;
que es un perpetuo sueño de mi oído
  el eco de su voz...

Que siendo por su causa, el alma mía
  ¡goza tanto en sufrir!...
¡Dios mío, cuántas cosas le diría
  si supiera escribir!...

III

EPÍLOGO

—Pues, señor, ¡bravo amor! Copio y concluyo:
  A don Ramón... En fin,
que es inútil saber para esto, arguyo,
  ni el griego ni el latín.

Ramón de Campoamor

Dogal de amor

Leonardo el Moro, su imperio tenía
sobre una galera de piratería.
Temían los reyes su vela moruna,
que el solo monarca de mar era él
cuando el azulado claror de la luna
flotaba en la proa su blanco alquicel.
Era el renegado corsario poeta,
porque en los remansos de su vida inquieta,
tejía sonetos y trovas galanas
a las más gentiles damas italianas.
Bello y bravo, tuvo la amable aureola
de los amoríos y la valentía;
retó al Papa Borgia, mientras se reía
de los anatemas de Savonarola.
En el Mar Latino su reino tenía
sobre una galera de piratería.

A vuelo tocaban en los campanarios
—corrió por las rúas la nueva fatal—.
¡De Leonardo el Moro, los negros corsarios
asaltan el blanco palacio ducal!
Tapices de Smirna, sedas de Turquía,
de las dogaresas el regio tesoro,
oro refulgente, rica argentería
pasó a la galera pirata del Moro
pero Leonardo desprecia el botín
y junto a la muerte y el incendio, besa

la boca fragante de rubia duquesa
en el áureo lecho de su camarín.
Cuando el oro pálido del Oriente asoma,
ya va la morisca galera lejana
y una mano blanca como una paloma,
un adiós envía desde una ventana.

Se oyen de la música los ritmos triunfales,
el Borgia cruel sonríe en su asiento,
flamean las púrpuras de los cardenales
bellos y sensuales del Renacimiento.
De dolor transidas y desmelenadas
cien mujeres cercan su silla de oro.
¡Piedad para el Moro! —dicen las cuitadas
de amor encendidas—. ¡Perdón para el Moro!
Cautivo el pirata de adversa fortuna,
todas sus amantes imploran por él.
¡Ya no verán nunca brillar a la luna
su rojo turbante, su blanco alquicel!
Pero César Borgia no perdona. En vano
le besan llorando las vestes papales.
El Papa incestuoso, cruel y cortesano
pasa entre el cortejo de sus Cardenales.

Mientras en la plaza se eleva el tablado,
el negro patíbulo que al cautivo espera,
todas sus amantes, por él, se han cortado
el tesoro egregio de su cabellera.
Blancas venecianas, rubias florentinas,
dulces genovesas y ardientes romanas
—la flor de las nobles princesas latinas—
envuelven en tocas sus frentes galanas.
Y toda la noche las miró la luna
trenzando una cuerda, roja, bruna,

ofrenda abnegada, de llanto y de amor
para su belleza, para su valor...
Y al ver el pirata la luz mañanera,
se ahorcó con la cuerda de trenzas galanas
el dogal tejido con la cabellera
de las más gentiles damas italianas.

Emilio Carrere

La caída de las hojas

Cayó como una rosa en mar revuelto...
y desde entonces a llevar no he vuelto
a su sepulcro lágrimas ni amores.
Es que el ingrato corazón olvida,
cuando está en los deleites de la vida,
que los sepulcros necesitan flores.

Murió aquella mujer con la dulzura
de un lirio deshojándose en la albura
del manto de una virgen solitario:
su pasión fue más honda que el misterio,
vivió como una nota de salterio,
murió como una enferma pasionaria.

Espera —me decía suplicante—,
todavía el desengaño está distante...
no me dejes recuerdos ni congojas:
aún podemos amar con mucho fuego;
no te apartes de mí, yo te lo ruego;
espera la caída de las hojas...

Espera la llegada de las brumas,
cuando caigan las hojas y las plumas
en los arroyos de aguas entumecidas,
cuando no haya en el bosque enredaderas

y noviembre deshoje las postreras
rosas fragantes al amor nacidas.

Hoy no te vayas, alejarte fuera
no acabar de vivir la primavera
de nuestro amor, que se consume y arde;
todavía no hay caléndulas marchitas
y para que me llores necesitas
esperar la llegada de la tarde.

Entonces, desplomando tu cabeza
en mi pecho, que es nido de tristeza,
me dirás lo que en sueños me decías,
pondrás tus labios en mi rostro enjuto
y anudarás con un listón de luto
mis manos cadavéricas y frías...

¡No te vayas, por Dios...! Hay muchos nidos
y rompen los claveles encendidos
con un beso sus vírgenes corolas:
todavía tiene el alma arrobamientos
y se pueden juntar dos pensamientos
como se pueden confundir dos olas.

Deja que nuestras almas soñadoras,
con el recuerdo de perdidas horas,
cierren y entibien sus alitas pálidas,
y que se rompa nuestro amor en besos,
cual se rompe en los árboles espesos,
en abril, un torrente de crisálidas.

¿No ves cómo el amor late y anida
en todas las arterias de la vida
que se me escapa?... Te quiero tanto,

que esta pasión que mi tristeza cubre,
me llevará como una flor de octubre
a dormir para siempre al camposanto.

Me da pena morir siendo tan joven,
porque me causa celo que me roben
este cariño que la muerte trunca!
Y me presagia el corazón enfermo
que si en la noche del sepulcro duermo,
no he de volver a contemplarte nunca.

¡Nunca!... ¡Jamás...! En mi postrer regazo
no escucharé ya el eco de tu paso,
ni el eco de tu voz... ¡Secreto eterno!
Si dura mi pasión tras de la muerte
y ya no puedo cariñosa verte,
me voy a condenar en un infierno.

¡Ah, tanto amor para un breve instante!
¿Por qué la vida, cuando más amante
es más fugaz? ¿Por qué nos brinda flores,
al reflejo del sol de la esperanza
flores que se marchitan sin tardanza,
que nunca deja de verter fulgores?

¡No te alejes de mí, que estoy enferma!
Espérame un instante... cuando duerma,
cuando ya no contemples mis congojas...
¡perdona si con lágrimas te aflijo!...

—Y cerrando sus párpados, me dijo:
¡espera la caída de las hojas!

¡Ha mucho tiempo el corazón cobarde
la olvidó para siempre! Ya no arde
aquel amor de los lejanos días...
Pero ¡ay! a veces al soñarla, siento
sus manos cadavéricas y frías...!

Fernando Celada

La fábrica

Abriéndose en hileras de urdimbre complicada,
se agitan los telares con musical rumor,
y van entretejiendo la fibra delicada
que ha de cubrir al pobre lo mismo que al señor.

Como cordajes breves de límpidas alburas,
los hilos a millares sacuden su tensión,
y el fabricante cuida y enlaza las roturas
que causan en las hebras las motas de algodón.

Los hilos que recorren aquella rueca breve,
se enlazan a otros hilos de forma transversal,
como si fueran copos de escarmenada nieve
entrelazando el seco ramaje de un rosal.

Los carreteles crujen repletos con su trama
que hilan y desenredan los peines a la vez:
y todo aquel cordaje sutil se desparrama
sobre las bastidores de hilada tirantez.

Giran vertiginosamente carretas y redinas
que cantan al trabajo sublime y redentor
y retiran los tórculos las leves muselinas
que ya con una forma artística se enredan al tambor.

Cruje la maquinaria con ecos soberanos
y sobre la grandeza de aquel gigante altar,

levanta el pueblo noble con su sillón de manos,
las hostias con que vuelve solícito a su hogar.

¡Oh lucha de los pobres!... ¡Oh batalla del arte!
tu vigor es progreso, tu progreso es altar;
cada fábrica abierta, para ti es un baluarte;
cada obrero un soldado, cada triunfo un telar.

Mientras que cantan gloria tus altas chimeneas,
y escarmenados se unen tus copos de algodón,
identifico mi alma con tus mismas ideas
y con tus mismas ansias lleno mi corazón.

Fernando Celada

Ovillejos

¿Quién menoscaba mis bienes?
¡Desdenes!
¿Y quien aumenta mis duelos?
¡Los celos!
¿Y quién prueba mi paciencia?
¡Ausencia!

De ese modo en mi dolencia
ningún remedio me alcanza,
pues me matan las esperanzas,
desdenes, celos y ausencia.

¿Quién me causa este dolor?
¡Amor!
¿Y quién mi gloria repugna?
¡Fortuna!
¿Y quién consiente mi duelo?
¡El cielo!

De ese modo yo recelo
morir deste mal extraño,
pues se aúnan en mi daño
amor, fortuna y el cielo.

¿Quien mejorará mi suerte?
¡La muerte!

Y el bien de amor, ¿quién le alcanza?
¡Mudanza!
Y sus males, ¿quién los cura?
¡Locura!

De ese modo no es cordura
querer curar la pasión,
cuando los remedios son
muerte, mudanza y locura.

Miguel de Cervantes Saavedra

San Pedro

Aquel hombre tosco, Pedro que, apretando los puños,
[juraba,
levantó a Dios la mano el primero, y juró, no lo
[ignoraba
sino al Cristo vivo, dando palabra, es Él, ante sus ojos
[hecho y estatura.
Por eso es Pedro, porque creyó lo que veía, por eso es
[piedra que para la eternidad dura.
Jesús mismo esperó que Pedro le manifestara;
y yo, como él creía en Dios, creo que Pedro la verdad
[declara.
"¿Me amas, Pedro?" le pregunta el Señor por tres veces.
Y Pedro por tres veces tentado, hace un instante, le negó
[tres veces
contesta, con amargas lágrimas: ¡Señor, bien sabéis lo
[que os amo!
Apacienta por siempre mis ovejas, de todos los rebaños
[del Pastor supremo, pastor te llamo.
—Mas ya se lo llevan a Él ahora, es de noche:
parar se le ve quitarse la túnica, como en Genezareth, de
[mañana, yendo a pescar,
y al mirar la cruz preparada, clavada hacia abajo ambas
[ramas del madero.
San Pedro, el primer Papa, está de pie sobre el Vaticano
sonríe entre sus barbas blancas el viejo Papa misionero,
y a la luz del sol que se pone bendice a Roma y al
[mundo con su encadenada mano.

Como le crucifican con la cabeza abajo, hacia el cielo
[exaltan los pies apostólicos.
Cristo es la cabeza, mas Pedro es la base y el
[movimiento de la religión católica.
Jesús plantó en tierra la cruz, mas Pedro en el cielo
[raíces le da.
A través de las verdades eternas sólidamente atado será.
Pende Jesús con todo su peso hacia la tierra como fruto
[en la rama,
mas Pedro está crucificado como en un ancla, hacia lo
[más hondo del abismo y el vértigo que le llama.
Ve del revés el cielo cuyas llaves tiene, el reino que en
[Cefas reposa, gota a gota.
Ya su hermano Pablo acabó y allí está como su
[adelantado,
como la epístola precede al evangelio y se mantiene a su
[lado.
Sus cuerpos tendidos juntos bajo una gran losa esperan
[al Creador.
¡Roma feliz, de tal modo por segunda vez fundada
[sobre uno y otro fundador!

Paul Claudel

Redondillas

Hombres necios, que acusáis
a la mujer sin razón,
sin ver que sois la ocasión
de lo mismo que culpáis.

Si con ansia sin igual
solicitáis su desdén,
¿por qué queréis que obren bien
si las incitáis al mal?

Combatís su resistencia,
y luego con gravedad
decís que fue liviandad
lo que hizo la diligencia.

Parecer quiere el denuedo
de vuestro parecer loco
al niño que pone el coco
y luego le tiene miedo.

Queréis con presunción necia
hallar a la que buscáis,
para pretendida, Thais,
y en la posesión, Lucrecia.

¿Qué humor puede ser más raro,
que el que falto de consejo,

él mismo empaña el espejo
y siente que no está claro?

Con el favor y el desdén
tenéis condición igual,
quejándoos si os tratan mal,
burlándoos si os quieren bien.

Opinión ninguna gana,
pues la que más se recata,
si no os admite, es ingrata,
y si os admite, es liviana.

Siempre tan necios andáis
que con desigual nivel,
a una culpáis por cruel,
y a otra por fácil culpáis.

¿Pues cómo ha de estar templada
la que vuestro amor pretende,
si la que es ingrata ofende
y la que es fácil enfada?

Mas entre el enfado y pena
que vuestro gusto refiere,
bien haya la que no os quiere
y quejaos enhorabuena.

Dan vuestras amantes penas
a sus libertades alas,
y después de hacerlas malas
las queréis hallar muy buenas.

¿Cuál mayor culpa ha tenido
en una pasión errada:
la que cae de rogada,
o el que ruega de caído?

¿O cuál es más de culpar
aunque cualquiera mal haga:
la que peca por la paga
o el que paga por pecar?

¿Pues para qué os espantáis
de la culpa que tenéis?
Queredlas cual las hacéis,
o hacedlas cual las buscáis.

Dejad de solicitar
y después, con más razón
acusaréis la afición
de la que os fuere a rogar.

Bien con muchas armas fundo
que lidia vuestra arrogancia:
pues, en promesa e instancia,
juntáis diablo, carne y mundo.

Sor Juana Inés de la Cruz

Los motivos del lobo

El varón que tiene corazón de lis,
alma de querube, lengua celestial,
el mínimo y dulce Francisco de Asís,
está con un rudo y torvo animal,
bestia temerosa, de sangre y de robo,
las fauces de furia, los ojos de mal.
El lobo de Gubbia, el terrible lobo,
rabioso ha asolado los alrededores,
cruel ha deshecho todos los rebaños;
devoró corderos, devoró pastores,
y son incontables sus muertes y daños.
Fuertes cazadores armados de hierros
fueron destrozados. Los duros colmillos
dieron cuenta de los más bravos perros,
como de cabritos y de corderillos.
Francisco salió:
al lobo buscó
en su madriguera.
Cerca de la cueva encontró a la fiera
enorme, que al verle se lanzó feroz
contra él. Francisco con su dulce voz,
alzando la mano,
al lobo furioso dijo: —"¡ Paz, hermano
lobo!" El animal
contempló al varón de tosco sayal;
dejó su aire arisco,

cerró las abiertas fauces agresivas,
y dijo:
—"¡Está bien, hermano Francisco!"
—"¡Cómo! —exclamó el santo—. ¿Es ley que tú vivas
de horror y de muerte?
¿La sangre que vierte
tu hocico diabólico, el duelo y espanto
que esparces, el llanto
de los campesinos, el grito, el dolor
de tanta criatura de Nuestro Señor?
¿No han de contener tu encono infernal?
¿Vienes del infierno?
¿ Te han infundido acaso su rencor eterno
Luzbel o Belial?"
Y el gran lobo, humilde: — "¡Es duro el invierno,
y es horrible el hambre! En el bosque helado
no hallé qué comer, y busqué el ganado,
y en veces comí ganado y pastor.
¿La sangre? Yo vi más de un cazador
sobre su caballo, llevando el azor
al puño; o correr tras el jabalí,
el oso o el ciervo; y a más de uno vi
mancharse de sangre, herir, torturar,
de las roncas trompas al sordo clamor,
a los animales de Nuestro señor.
Y no era por hambre,
que iban a cazar".
Francisco responde: —"En el hombre existe
mala levadura.
Cuando nace viene con pecado. Es triste.
Mas el alma simple de la bestia es pura.
Tú vas a tener
desde hoy qué comer.
Dejarás en paz
rebaños y gente en este país.

¡Que Dios melifique tu ser montaraz!"
— "Está bien, hermano Francisco de Asís".
—"Ante el señor, que todo ata y desata,
en fe de promesa tiéndeme la pata".
El lobo tendió la pata al hermano
de Asís, que a su vez le alargó la mano.
Fueron a la aldea. La gente veía
y lo que miraba casi no creía.
Tras el religioso iba el lobo fiero,
y, baja la testa, quieto lo seguía
como un can de casa, o como un cordero.
Francisco llamó la gente a la plaza
y allí predicó.
Y dijo: —"He aquí una amable caza.
El hermano lobo se viene conmigo;
me juró no ser ya nuestro enemigo,
y no repetir su ataque sangriento.
Vosotros, en cambio, daréis su alimento
a la pobre bestia de Dios". —"¡Así sea!"—,
contestó la gente toda de la aldea.
Y luego, en señal
de contentamiento,
movió testa y cola el buen animal,
y entró con Francisco de Asís al convento.
Algún tiempo estuvo el lobo tranquilo
en el santo asilo.
Sus vastas orejas los salmos oían
y los claros ojos se le humedecían.
Aprendió mil gracias y hacía mil juegos
cuando a la cocina iba con los legos.
Y cuando Francisco su oración hacía,
el lobo las pobres sandalias lamía.
Salía a la calle,
iba por el monte, descendía al valle,

entraba en las casas y le daban algo
de comer. Mirábanle como a un manso galgo.
Un día, Francisco se ausentó. Y el lobo
dulce, el lobo manso y bueno, el lobo probo,
desapareció, tornó a la montaña,
y recomenzaron su aullido y su saña.
Otra vez sintióse el temor, la alarma,
entre los vecinos y entre los pastores;
colmaba el espanto los alrededores,
de nada servían el valor y el arma,
pues la bestia fiera
no dio tregua a su furor jamás,
como si tuviera
fuegos de Moloch y de Satanás.
Cuando volvió al pueblo el divino santo,
todos lo buscaron con quejas y llanto,
y con mil querellas dieron testimonio
de lo que sufrían y perdían tanto
por aquel infame lobo del demonio.
Francisco de Asís se puso severo.
Se fue a la montaña
a buscar al falso lobo carnicero.
Y junto a su cueva halló a la alimaña.
—"En nombre del Padre del sacro universo,
conjúrote —dijo— ¡oh, lobo perverso!
a que me respondas: ¿Por qué has vuelto al mal?
Contesta. Te escucho".
Como en sorda lucha, habló el animal,
la boca espumosa y el ojo fatal:
—"Hermano Francisco, no te acerques mucho...
Yo estaba tranquilo allá en el convento,
al pueblo salía,
y si algo me daban estaba contento
y manso comía.

Mas, empecé a ver que en todas las casas
estaban la envidia, la saña, la ira,
y en todos los rostros ardían las brasas
de odio, de lujuria, de infamia y mentira.
Hermanos a hermanos hacían la guerra,
perdían los débiles, ganaban los malos,
hembra y macho eran como perro y perra,
y un buen día todos me dieron de palos.
Me vieron humilde, lamía las manos
y los pies. Seguía tus sagradas leyes,
todas las criaturas eran mis hermanos,
los hermanos hombres, los hermanos bueyes,
hermanas estrellas y hermanos gusanos.
Y así, me apalearon y me echaron fuera.
Y su risa fue como un agua hirviente,
y entre mis entrañas revivió la fiera,
y me sentí lobo malo de repente;
mas siempre mejor que esa mala gente.
Y recomencé a luchar aquí,
a me defender y a me alimentar.
Como el oso hace, como el jabalí,
que para vivir tienen que matar.
Déjame en el monte, déjame en el risco,
déjame existir en mi libertad,
vete a tu convento, hermano Francisco,
sigue tu camino y tu santidad".

El santo de Asís no le dijo nada.
Le miró con una profunda mirada,
y partió con lágrimas y con desconsuelos,
y habló al Dios eterno con su corazón.
El viento del bosque llevó su oración,

Que era: "Padre nuestro, que estás en los cielos..."

Rubén Darío

La marcha triunfal

¡Ya viene el cortejo!
¡Ya viene el cortejo! Ya se oyen los claros clarines.
La espada se anuncia con vivo reflejo;
ya viene, oro y hierro, el cortejo de los paladines.
Ya pasa debajo los arcos ornados de blancas Minervas y
[Martes,
los arcos triunfales en donde las Famas erigen sus largas
[trompetas,
la gloria solemne de los Estandartes,
llevados por manos robustas de heroicos atletas.
Se escucha el ruido que forman las armas de los
[caballeros,
los frenos que marcan los fuertes caballos de guerra,
los cascos que hieren la tierra
y los timbaleros,
que el paso acompasan con ritmos marciales.
¡Tal pasan los fieros guerreros
debajo los arcos triunfales!
Los claros clarines de pronto levantan sus sones,
su canto sonoro,
su cálido coro,
que envuelven en un trueno de oro
la augusta soberbia de los pabellones.

El dice la lucha, la herida venganza,
las ásperas crines,
los rudos penachos, la pica, la lanza,

la sangre que riega de heroicos carmines
la tierra:
los negros mastines
que azuza la muerte, que rige la guerra.

Los áureos sonidos
anuncian el advenimiento
triunfal de la Gloria;
dejando el picacho que guarda sus nidos,
tendiendo sus alas al viento,
los cóndores llegan. ¡Llegó la victoria!

Ya pasa el cortejo.
Señala el abuelo los héroes al niño.
Ved cómo la barba del viejo
los bucles de oro circundan de armiño.
Las bellas mujeres aprestan coronas de flores,
y bajo los pórticos vense sus rostros de rosa
y la más hermosa
sonríe al más fiero de los vencedores.
¡Honor al que trae cautiva la extraña bandera;
honor al herido y honor a los fieles
soldados que muerte encontraron por mano extranjera!
¡Clarines! ¡Laureles!

Las nobles espadas de tiempos gloriosos
desde sus panoplias saludan las nuevas coronas y lauros;
Las viejas espadas de los granaderos, más fuertes que
[osos,
hermanos de aquellos lanceros que fueron centauros.
Las trompas guerreras resuenan;
de voces los aires llenan...
A aquellas antiguas espadas,
a aquellos ilustres aceros,

que encarnan las glorias pasadas...
y al sol que hoy alumbra las nuevas victorias ganadas,
y al héroe que guía su grupo de jóvenes fieros,
al que ama la insignia del suelo materno,
al que ha desafiado, ceñido el acero y el arma en la
[mano,
los soles del rojo verano,
las nieves y vientos del gélido invierno,
la noche, la escarcha
y el odio y la muerte por ser la patria inmortal,
saludan con voces de bronce las trompas de guerra que
[tocan la marcha
triunfal!...

Rubén Darío

Letanía de nuestro señor don Quijote

Rey de los hidalgos, señor de los tristes,
que de fuerza alientas y de ensueños vistes,
coronado de áureo yelmo de ilusión:
que nadie ha podido vencer todavía,
por la adarga al brazo, toda fantasía,
y la lanza en ristre toda corazón.

Noble peregrino de los peregrinos,
que santificaste todos los caminos
con el paso augusto de tu heroicidad,
contra las certezas, contra las conciencias
y contra las leyes y contra las ciencias,
contra la mentira, contra la verdad...

¡Caballero errante de los caballeros,
varón de varones, príncipe de fieros,
par entre los pares, maestro, salud!
¡Salud porque juzgo que hoy muy poca tienes,
entre los aplausos o entre los desdenes,
y entre las coronas y los parabienes
y las tonterías de la multitud!

¡Tú, para quien pocas fueron las victorias
serían apenas de ley y razón,

soportas certámenes, tarjetas, concursos,
y teniendo a Orfeo, tienes a orfeón!

Escucha, divino Rolando del sueño,
a un enamorado de tu Clavileño,
y cuyo Pegaso relincha hacia ti;
escucha los versos de estas letanías,
hechos con las cosas de todos los días
y con otras que en lo misterioso vi.

¡Ruega por nosotros, hambrientos de vida,
con el alma a tientas, con la fe perdida
llenos de congoja y faltos de sol,
por advenedizas almas de manga ancha,
que ridiculizan el ser de la Mancha,
el ser generoso y el ser español!

Ruega por nosotros, que necesitamos
las mágicas rosas, los sublimes ramos
de laurel! *Pro nobis ora,* gran señor
(Tiembla la floresta del laurel del mundo,
y antes que tu hermano vago, Segismundo,
el pálido Hamlet te ofrece una flor.)

Ruega generoso, piadoso, orgulloso;
ruega casto, puro, celeste, animoso;
por nos intercede, suplica por nos,
pues casi ya estamos sin savia, sin brote,
sin alma, sin vida, sin luz, sin Quijote,
sin pies y sin alas, sin Sancho y sin Dios.

De tantas tristezas, de tantos dolores,
de los superhombres de Nietzche, de cantos
áfonos, recetas que firma un doctor,

de las epidemias, de horribles blasfemias
de las Academias,
líbranos, señor.

De rudos malsines,
falsos paladines,
y espíritus finos y blandos y ruines,
del hampa que sacia
su canallocracia
con burlar la gloria, la vida, el honor,
del puñal con gracia,
¡líbranos, señor!

Noble peregrino de los peregrinos,
que santificaste todos los caminos
con el paso augusto de tu heroicidad,
contra las certezas, contra las conciencias
y contra las leyes y contra las ciencias,
contra la mentira, contra la verdad...

Ora por nosotros, señor de los tristes
coronado de áureo yelmo de ilusión:
¡que nadie ha podido vencer todavía,
por la adarga al brazo, toda fantasía,
y la lanza en ristre, toda corazón!

Rubén Darío

A Margarita Debayle

Margarita, está linda la mar,
y el viento
lleva esencia sutil de azahar;
yo siento
en el alma una alondra cantar:
tu acento
Margarita, te voy a contar
un cuento.

Éste era un rey que tenía
un palacio de diamantes,
una tienda hecha del día
y un rebaño de elefantes.

Un quiosco de malaquita,
un gran manto de tisú,
y una gentil princesita,
tan bonita,
Margarita,
tan bonita como tú.

Una tarde la princesa
vio una estrella aparecer;
la princesa era traviesa
y la quiso ir a coger.

La quería para hacerla
decorar un prendedor,
con un verso y una perla,
una pluma y una flor.

Las princesas primorosas
se parecen mucho a ti.
Cortan lirios, cortan rosas,
cortan astros. Son así.

Pues se fue la niña bella,
bajo el cielo y sobre el mar,
a cortar la blanca estrella
que la hacía suspirar.

Y siguió camino arriba,
por la luna y más allá;
mas lo malo es que ella iba
sin permiso de papá.

Cuando estuvo ya de vuelta
de los parques del Señor,
se miraba toda envuelta
en un dulce resplandor.

Y el rey dijo: "¿Qué te has hecho?
Te he buscado y no te hallé;
¿y qué tienes en el pecho
que encendido se te ve?"

La princesa no mentía.
Y así, dijo la verdad:
"Fui a cortar la estrella mía
a la azul inmensidad".

Y el rey clama: "¿No te he dicho
que el azul no hay que tocar?
¡Qué locura! ¡Qué capricho!
El señor se va a enojar."

Y dice ella: "No hubo intento;
yo me fui no sé por qué.
Por las olas y en el viento
fui a la estrella y la corté".

Y el papá dice enojado:
"Un castigo has de tener:
vuelve al cielo, y lo robado
vas ahora a devolver".

La princesa se entristece
por su linda flor de luz,
cuando entonces aparece
sonriendo el Buen Jesús.

Y así dice: "En mis campiñas
esa rosa le ofrecí:
son mis flores, de las niñas
que al soñar piensan en mí".

Viste el rey ropas brillantes
y luego hace desfilar
cuatrocientos elefantes
a la orilla de la mar.

La princesa está muy bella,
pues tiene ya el prendedor
en que lucen, con la estrella,
verso, perla, pluma y flor.

Margarita, está linda la mar
y el viento
lleva esencia sutil de azahar:
tu aliento.

Ya que lejos de mí vas a estar,
guarda, niña, un gentil pensamiento
al que un día te quiso contar
un cuento.

Rubén Darío

Los parias

Allá en el claro, cerca del monte,
bajo una higuera como un dosel,
hubo una choza donde habitaba
una familia que ya no es.
El padre, muerto; la madre, muerta;
los cuatro niños, muertos también:
él, de fatiga; ella, de angustia;
¡ellos de frío, de hambre y de sed!

Ha mucho tiempo que fui al bohío
y me parece que ha sido ayer.

¡Desventurados! Ahí sufrían
ansia sin tregua, tortura cruel.
Y en vano alzando los turbios ojos,
te preguntaban, Señor, ¿por qué?...
¡Y recurrían a tu alta gracia,
dispensadora de todo bien!

¡Oh Dios! Las gentes sencillas rinden
culto a tu nombre y a tu poder:
a ti demandan favor los pobres,
a ti los tristes piden merced;
mas como el ruego resulta inútil,
pienso que un día, pronto tal vez,
no habrá miserias que se arrodillen,
¡no habrá dolores que tengan fe!

Rota la brida, tenaz la fusta,
libre el espacio, ¿qué hará el corcel?
La inopia vive sin un halago,
sin un consuelo, sin un placer.
¡Sobre los fangos y los abrojos
en que revuelca su desnudez,
cría querubes para el presidio
y serafines para el burdel!

El proletario levanta el muro,
practica el túnel, mueve el taller;
cultiva el campo, calienta el horno,
paga el tributo, carga el broquel;
y en la batalla sangrienta y grande,
blandiendo el hierro por patria o rey,
enseña al prócer con noble orgullo
¡cómo se cumple con el deber!

Mas ¡ay! ¿qué logra con su heroísmo?
¿Cuál es el premio, cuál su laurel?
El desdichado recoge ortigas
y apura el cáliz hasta la hez.
Leproso, mustio, deforme, airado,
soporta apenas la dura ley,
y cuando pasa sin ver el cielo
¡la tierra tiembla bajo sus pies!

Salvador Díaz Mirón

La oración del preso

¡Señor, tenme piedad, aunque a ti clame
sin fe! ¡Perdona que te niegue o riña
y al ara tienda con bochorno infame!

Vuelvo al antiguo altar. ¡No en vano ciña
guirnaldas un león y desparrame
riego que pueda prosperar tu viña!

¡Líbrame por merced, como te plugo
a Bautista y Apóstol en Judea,
ya que no me suicido ni me fugo!

¡Inclínate al cautivo que flaquea;
y salvo, como Juan por verdugo,
o como Pedro por el ángel, sea!

Habito un orco infecto; y en el manto
resulto cebo o chinche y pulga y piojo;
y afuera el odio me calumnia en tanto.

¿Qué mal obré para tamaño enojo?
¡El honor del poeta es nimbo santo
y la sangre de un vil es fango rojo!

Mi pobre padre cultivó el desierto.
Era un hombre de bien, un sabio artista,
y de vergüenza y de pesar ha muerto.

¡Oh mis querubes! Con turbada vista
columbro ahora el celestial e incierto
grupo que aguarda, y a quien todo atrista.

Y oigo un sordo piar de nido en rama,
un bullir de polluelos ante azores;
¡y el soplado tizón encumbra llama!

Dios de Israel, acude a mis amores;
y rían a manera de la grama,
que abatida por los pies da flores.

Cárcel de Veracruz, septiembre de 1895.

Salvador Díaz Mirón

El canto del cosaco

¡Hurra, cosacos del desierto! ¡Hurra!
La Europa os brinda espléndido botín:
sangrienta charca sus campiñas sean
de los grajos su ejército festín.

¡Hurra! ¡A caballo, hijos de la niebla!
Suelta la rienda, combatid, volad:
¿Véis esas tierras fértiles? La puebla
gente opulenta, afeminada ya.

Casas, palacios, campos y jardines,
todo es hermoso y refulgente allí:
son sus hembras celestes serafines,
su sol alumbra un cielo de zafir.

¡Hurra, cosacos del desierto!...

Nuestros sean su oro y sus placeres,
gocemos de ese campo y ese sol,
son sus soldados menos que mujeres,
sus reyes viles mercaderes son.

Vedlos huir esconder su oro,
vedlos cobardes lágrimas verter...
¡Hurra! Volad: sus cuerpos, su tesoro
huellen nuestros caballos con sus pies.

¡Hurra, cosacos del desierto!...

Dictará allí nuestro capricho leyes,
nuestras casas alcázares serán,
los cetros y coronas de los reyes
cual juguetes de niños rodarán.

¡Hurra! ¡Volad! a hartar nuestros deseos.
Las más hermosas nos darán su amor,
y no hallarán nuestros semblantes feos,
que siempre brilla hermoso el vencedor.

¡Hurra! ¡Volad! a hartar nuestros deseos.

Desgarraremos la vencida Europa
cual tigres que devoran su ración;
en sangre empaparemos nuestra ropa
cual rojo manto de imperial señor.

Nuestros nobles caballos relinchando
regias habitaciones morarán;
cien esclavos, sus frentes inclinando,
al mover nuestros ojos temblarán.

¡Hurra, cosacos del desierto!...
venid, volad, guerreros del desierto
como nubes en negra confusión,
todos suelto el bridón, el ojo incierto
todos atropellándoos en montón.

Id en la espesa niebla confundidos,
cual tromba que arrebata el huracán,
cual témpanos de hielo endurecidos
por entre rocas despeñados van.

¡Hurra, cosacos del desierto!...

Nuestros padres en un tiempo caminaron
hasta llegar a una imperial ciudad:
un sol más puro es fama que encontraron,
y palacios de oro y de cristal,
yerta a sus pies la tierra enmudeció;
su sueño con fantásticas canciones
la fada de los triunfos arrulló.

¡Hurra, cosacos del desierto!...

¡Qué! ¿No sentís la lanza estremecerse,
hambrienta en vuestras manos del matar?
¿No veis entre la niebla aparecerse
visiones mil que el parabién nos dan?

Escudo de esas míseras naciones
era ese muro que abatido fue:
la gloria de Polonia y sus blasones
en humo y sangre convertidos ved.

¡Hurra, cosacos del desierto!...

¿Quién en dolor trocó sus alegrías?
¿Quién sus hijos triunfante encadenó?
¿Quién puso fin a sus gloriosos días?
¿Quién en su propia sangre les ahogó?

¡Hurra, cosacos! ¡Gloria al más valiente!
Esos hombres de Europa nos verán:
¡Hurra! nuestros caballos en su frente
hondas sus herraduras marcarán.

¡Hurra, cosacos del desierto!...

A cada bote de la lanza ruda,
a cada escape en la abraseada lid,
la sangrienta ración de carne cruda
bajo la silla sentiréis hervir.

Y allá después en templos suntuosos,
sirviéndonos de mesa algún altar,
nuestra sed calmarán vinos sabrosos,
hartará nuestra hambre blanco pan.

¡Hurra, cosacos del desierto! ¡Hurra!

Y nuestras madres nos verán triunfantes,
y a esa caduca Europa a nuestros pies,
y acudirán de gozo palpitantes,
en cada hijo a contemplar un rey.

Nuestros hijos sabrán nuestras acciones,
la corona de Europa heredarán,
y a conquistar también otras regiones
el caballo y la lanza aprestarán.

¡Hurra, cosacos del desierto! ¡Hurra!
La Europa os brinda espléndido botín:
sangrienta charca sus campiñas sean,
de los grajos su ejército festín.

José de Espronceda

Canción del pirata

Con diez cañones por banda,
viento en popa a toda vela,
no corta el mar, sino vuela
un velero bergantín:
bajel pirata que llaman,
por su bravura, el *Temido,*
en todo mar conocido
del uno al otro confín.

La luna en el mar riela,
en la lona gime el viento,
y alza en blando movimiento
olas de plata y azul;
y ve el capitán pirata,
cantando alegre en la popa,
Asia a un lado, al otro Europa,
y allá a su frente Estambul.

"Navega, velero mío,
sin temor;
que ni enemigo navío,
ni tormenta, ni bonanza
tu rumbo a torcer alcanza,
ni a sujetar tu valor.

"Veinte presas
hemos hecho

a despecho
del inglés,
y han rendido
sus pendones
cien naciones
a mis pies."

Que es mi barco mi tesoro,
que es mi Dios la libertad,
mi ley la fuerza y el viento,
mi única patria la mar.

"Allá muevan feroz guerra
ciegos reyes
por un palmo más de tierra:
que yo tengo aquí por mío
cuanto abarca el mar bravío,
a quien nadie impuso leyes.

"Y no hay playa
sea cualquiera,
ni bandera
de esplendor,
que no sienta
mi derecho,
y dé pecho
a mi valor."

Que es mi barco mi tesoro...

"A la voz de «¡barco viene!»
es de ver
cómo vira y se previene
a todo trapo escapar;

que yo soy el rey del mar,
y mi furia es de temer.

"En las presas
yo divido
lo escogido
por igual:
sólo quiero
por riqueza
la belleza
sin rival."

Que es mi barco mi tesoro...

"¡Sentenciado estoy a muerte!
Yo me río:
no me abandone la suerte
y al mismo que me condena,
colgaré de alguna antena,
quizá en su propio navío.

"Y si caigo,
¿qué es la vida?
Por perdida
ya la di,
cuando el yugo
del esclavo,
como un bravo
sacudí."

Que es mi barco mi tesoro...

"Son mi música mejor
aquilones:
el estrépito y temblor

de los cables sacudidos,
del negro mar los bramidos
y el rugir de mis cañones.

"Y del trueno
al son violento
y del viento
al rebramar,
yo me duermo
sosegado,
arrullado
por el mar."

Que es mi barco mi tesoro,
que es mi Dios la libertad,
mi ley la fuerza y el viento,
mi única patria la mar.

José de Espronceda

Setenta balcones y ninguna flor

Setenta balcones hay en esta casa,
setenta balcones y ninguna flor...
A sus habitantes, Señor, ¿qué les pasa?
¿Odian el perfume, odian el olor?

La piedra desnuda de tristeza agobia,
¡dan una tristeza los negros balcones!
¿No hay en esta casa una niña novia?
¿No hay algún poeta bobo de ilusiones?

¿Ninguno desea ver tras los cristales
una diminuta copia del jardín?
¿En la piedra blanca trepar los rosales,
en los hierros negros abrirse un jazmín?

Si no aman las plantas, no amarán el ave,
no sabrán de música, de rimas, de amor...
Nunca se oirá un beso, jamás se oirá una clave
¡Setenta balcones y ninguna flor!

B. Fernández Moreno

Un beso nada más

Bésame con el beso de tu boca,
cariñosa mitad del alma mía;
un solo beso el corazón invoca,
que la dicha de dos... me mataría.

¡Un beso nada más!... Ya su perfume
en mi alma derramándose, la embriaga;
y mi alma por tu beso se consume
y por mis labios impacientes vaga.

¡Júntese con la tuya!... Ya no puedo
lejos tenerla de tus labios rojos...
¡Pronto!... ¡dame tus labios!... ¡tengo miedo
de ver tan cerca tus divinos ojos!

Hay un cielo, mujer, en tus abrazos;
siento de dicha el corazón opreso...
¡Oh! ¡Sosténme en la vida de tus brazos
para que no me mates con tu beso!

Manuel M. Flores

La pedrada

I

Cuando pasa el Nazareno
de la túnica morada,
con la frente ensangrentada,
la mirada de Dios bueno
y la soga al cuello echada,

el pecado me tortura,
las entrañas se me anegan
en torrentes de amargura,
y las lágrimas me ciegan
y me hiere la ternura...

Yo he nacido en esos llanos
de la estepa castellana,
cuando había unos cristianos
que vivían como hermanos
en república cristiana.

Me enseñaron a rezar,
enseñándome a sentir
y me enseñaron a amar,
y como amar es sufrir,
también aprendí a llorar.

Cuando esta fecha caía
sobre los pobres lugares,
la vida se entristecía,
cerrábanse los hogares
y el pobre templo se abría.

Y detrás del Nazareno
de la frente coronada,
por aquel de espigas lleno
campo dulce, campo ameno
de la aldea sosegada,

los clamores escuchando
de dolientes Misereres,
iban los hombres rezando,
sollozando las mujeres
y los niños observando...

¡Oh, qué dulce, qué sereno
caminaba el Nazareno
por el campo solitario,
de verduras menos lleno
que de abrojos el Calvario!

¡Cuán suave, cuán paciente
caminaba y cuán doliente
con la cruz al hombro echada,
el dolor sobre la frente
y el amor en la mirada!
Y los hombres, abstraídos,
en hileras extendidos,
iban todos encapados,
con hachones encendidos
y semblantes apagados.

Y enlutadas, apiñadas,
doloridas, angustiadas,
enjugando en las mantillas
las pupilas empañadas
y las húmedas mejillas,

viejecitas y doncellas,
de la imagen por las huellas
santo llanto iban vertiendo...
¡Como aquellas, como aquellas
que a Jesús iban siguiendo!

Y los niños admirados,
silenciosos, apenados,
presintiendo vagamente
dramas hondos no alcanzados
por el vuelo de la mente,

caminábamos sombríos
junto al dulce Nazareno,
maldiciendo a los judíos,
¡que eran Judas y unos tíos,
que mataron al Dios bueno!

II

¡Cuántas veces he llorado
recordando la grandeza
de aquel hecho inusitado
que una sublime nobleza
inspiróle a un pecho honrado!

La procesión se movía
¡Qué triste el sol se ponía!
¡Cómo lloraba la gente!
¡Cómo Jesús se afligía!...

¡Qué voces tan plañideras
el Miserere cantaban!
¡Qué luces que no alumbraban
tras las verdes vidrieras
de los faroles brillaban!

Y aquel sayón inhumano,
que al dulce Jesús seguía
con el látigo en la mano,
¡qué feroz cara tenía!
¡qué corazón tan villano!

¡La escena a un tigre ablandara!
Iba a caer el Cordero
y aquel negro monstruo fiero
iba a cruzarle la cara
con el látigo de acero...

Mas un travieso aldeano,
una precoz criatura
de corazón noble y sano
y alma tan grande y tan pura
como el cielo castellano,

rapazuelo generoso
que al mirarla, silencioso,
sintió la trágica escena,
que le dejó el alma llena
de hondo rencor doloroso.

se sublimó de repente,
se separó de la gente
cogió un guijarro redondo,
miróle al sayón la frente
con ojo de odio muy hondo,

paróse ante la escultura,
apretó la dentadura,
aseguróse en los pies,
midió con tino la altura,
tendió el brazo de través.

Zumbó el proyectil terrible,
sonó un golpe indefinible,
y del infame sayón
cayó brotando la horrible
cabezota de cartón.

Los fieles, alborotados
por el terrible suceso,
cercaron al niño airados,
preguntáronle admirados:

—¿Por qué, por qué has hecho eso?...
Y él contesta agresivo,
con voz de aquellas que llegan
de un alma justa a lo vivo:
—"¡Porque sí; porque le pegan
sin haber ningún motivo!"

III

Hoy, que con los hombres voy,
viendo a Jesús padecer,
interrogándome estoy:
¿Somos los hombres de hoy
aquellos niños de ayer?

José María Gabriel y Galán

Prendimiento de Antoñito el Camborio en el camino de Sevilla

Antonio Torres Heredia,
hijo y nieto de Camborios,
con una vara de mimbre
va a Sevilla a ver los toros.

Moreno de verde luna,
anda despacio y garboso.
Sus empavonados bucles
le brillan entre los ojos.

A la mitad del camino
cortó limones redondos
y los fue tirando al agua
hasta que la puso de oro.

Y a la mitad del camino,
bajo las ramas de un olmo,
guardia civil caminera
lo llevó codo con codo.

El día se va despacio,
la tarde colgada a un hombro,

donde una larga torera
sobre el mar y los arroyos.

Las aceitunas aguardan
la noche de Capricornio,
y una corta brisa, ecuestre,
salta los montes de plomo.
Antonio Torres Heredia,
hijo y nieto de Camborios,
viene sin vara de mimbre
entre los cinco tricornios.

—Antonio, ¿quién eres tú?
Si te llamaras Camborio
hubieras hecho una fuente
de sangre con cinco chorros.
Ni tú eres hijo de nadie,
ni legítimo Camborio.
¡Se acabaron los gitanos
que iban por el monte solos!
Están los viejos cuchillos
tiritando bajo el polvo.

A las nueve de la noche
lo llevan al calabozo,
mientras los guardias civiles
beben limonadas todos,
Y a las nueve de la noche
le cierran el calabozo,
mientras el cielo reluce
como la grupa de un potro.

Federico García Lorca

Muerte de Antoñito el Camborio

Voces de muerte sonaron
cerca del Guadalquivir.
Voces antiguas que cercan
voz del clavel varonil.
Les clavó sobre las botas
mordiscos de jabalí,
jabonadas de delfín.
Baño con sangre enemiga
su corbata carmesí,
pero eran cuatro puñales
y tuvo que sucumbir.
Cuando las estrellas clavan
rejones al agua gris,
cuando los erales sueñan
verónicas de alhelí,
voces de muerte sonaron
cerca del Guadalquivir.

—Antonio Torres Heredia,
Camborio de dura crin,
moreno de verde luna,
voz de clavel varonil:
¿Quién te ha quitado la vida
cerca del Guadalquivir?

—Mis cuatro primos Heredias
hijos de Benamejí.
Lo que en otros no envidiaban,
ya lo envidiaban en mí.
Zapatos color corinto,
medallones de marfil,
y este cutis amasado
con aceitunas y jazmín.

—¡Ay, Antoñito el Camborio,
digno de una Emperatriz!
Acuérdate de la Virgen
porque te vas a morir.
—¡Ay Federico García,
llama a la Guardia Civil!
Ya mi talle se ha quebrado
como caña de maíz.

Tres golpes de sangre tuvo
y se murió de perfil.
Viva moneda que nunca
se volverá a repetir.
Un ángel marchoso pone
su cabeza en un cojín.
Otros de rubor cansado
encendieron su candil.
Y cuando los cuatro primos
llegan a Benamejí,
voces de muerte cesaron
cerca del Guadalquivir.

Federico García Lorca

La casada infiel

Y yo me la llevé al río
creyendo que era mozuela,
pero tenía marido.

Fue la noche de Santiago
y casi por compromiso.
Se apagaron los faroles
y se encendieron los grillos.
En las últimas esquinas
toqué sus pechos dormidos,
y se me abrieron de pronto
como ramos de jacintos.
El almidón de su enagua
me sonaba en el oído
como una pieza de seda
rasgada por diez cuchillos.
Sin luz de plata en sus copas
los árboles han crecido
y un horizonte de perros
ladra muy lejos del río.

Pasadas las zarzamoras,
los juncos y los espinos,
bajo su mata de pelo
hice un hoyo sobre el limo.
Yo me quité la corbata.

Ella se quitó el vestido.
Yo el cinturón con revólver.
Ella sus cuatro corpiños.

Ni nardos ni caracolas
tienen el cutis tan fino,
ni los cristales con luna
relumbran con ese brillo.

Sus muslos se me escapaban
como peces sorprendidos,
la mitad llenos de lumbre,
la mitad llenos de frío.

Aquella noche corrí
el mejor de los caminos
montado en potra de nácar
sin bridas y sin estribos.

No quiero decir, por hombre,
las cosas que ella me dijo.
La luz del entendimiento
me hace ser muy comedido.

Sucia de besos y arena
yo me la llevé del río.
Con el aire se batían
las espadas de los lirios.

Me porté como quien soy.
Como un gitano legítimo.
Le regalé un costurero

grande, de raso pajizo,
y no quise enamorarme,
porque teniendo marido
me dijo que era mozuela
cuando la llevaba al río.

Federico García Lorca

Romance de la Guardia Civil Española

Los caballos negros son.
Las herraduras son negras.
Sobre las capas relucen
manchas de tinta y de cera.
Tienen, por eso no lloran,
de plomo las calaveras.
Con el alma de charol
vienen por la carretera.
Jorobados y nocturnos,
por donde animan ordenan
silencios de goma oscura
y miedos de fina arena.
Pasan, sin querer pasar,
y ocultan en la cabeza
una vaga astronomía
de pistolas inconcretas.

¡Oh ciudad de los gitanos!
En las esquinas, banderas.
La luna y la calabaza
con las guindas en conserva.
¡Oh ciudad de los gitanos!
¿Quién te vio y no te recuerda?
Ciudad de dolor y almizcle,
con las torres de canela.

Cuando llegaba la noche,
noche que noche nochera,
los gitanos en sus fraguas
forjando soles y flechas.

Un caballo malherido
llamaba a todas las puertas.
Gallos de vidrio cantaban
por Jerez de la Frontera.
El viento vuelve desnudo
la esquina de la sorpresa,
en la noche platinoche,
noche que noche nochera.

La Virgen y San José
perdieron sus castañuelas,
y buscan a los gitanos
para ver si las encuentran.
La Virgen viene vestida
con un traje de alcaldesa,
de papel de chocolate
con los collares de almendras.
San José mueve los brazos
bajo una capa de seda.
Detrás va Pedro Domecq
con tres sultanes de Persia.
La media luna soñaba
en éxtasis de cigüeña.
Estandartes y faroles
invaden las azoteas.
Por los espejos sollozan
bailarinas sin caderas.
Agua y sombra, sombra y agua
por Jerez de la Frontera.

¡Oh ciudad de los gitanos!
En las esquinas banderas.
Apaga tus verdes luces
que viene la benemérita.

¡Oh ciudad de los gitanos!
¿Quién te vio y no te recuerda?
Dejadla lejos del mar,
sin peines para sus chenchas.

Avanzan de dos en fondo
a la ciudad de la fiesta.
Un rumor de siemprevivas
invade las cartucheras.
Avanzan de dos en fondo.
Doble nocturno de tela.
El cielo, se les antoja
una vitrina de espuelas.

La ciudad, libre de miedo,
multiplicaba sus puertas.
Cuarenta guardias civiles
entran a saco por ellas.
Los relojes se pararon,
y el coñac de las botellas
se disfrazó de noviembre
para no infundir sospechas.
Un vuelo de gritos largos
se levantó en las veletas.
Los sables cortan las brisas
que los cascos atropellan.
Por las calles de penumbra
huyen las gitanas viejas
con los cabellos dormidos

y las orzas de monedas.
Por las calles empanadas
suben las capas siniestras,
dejando detrás fugaces
remolinos de tijeras.

En el portal de Belén
los gitanos se congregan.
San José, lleno de heridas,
amortaja a una doncella.
Tercos fusiles agudos
por toda la noche suenan.
La Virgen cura a los niños
con salvilla de estrella.
Pero la Guardia Civil
avanza sembrando hogueras,
donde joven y desnuda
la imaginación se quema.
Rosa la de los Camborios
gime sentada en su puerta
con sus dos pechos cortados
puestos en una bandeja.
Y otras muchachas corrían
perseguidas por sus trenzas,
en un aire donde estallan
rosas de pólvora negra.
Cuando todos los tejados
eran surcos en la tierra,
el alma meció sus hombros
en largo perfil de piedra.

¡Oh ciudad de los gitanos!
La Guardia Civil se aleja

por un túnel de silencio
mientras las llamas te cercan.

¡Oh, ciudad de los gitanos!
¿Quién te vio y no te recuerda?
Que te busquen en mi frente
juego de luna y arena.

Federico García Lorca

Preciosa y el aire

Su luna de pergamino
Preciosa tocando viene
por un anfibio sendero
de cristales y laureles.
El silencio sin estrellas,
huyendo del sonsonete,
cae donde el mar bate y canta
su noche de peces.
En los picos de la sierra
los carabineros duermen
guardando las blancas torres
donde viven los ingleses.
Y los gitanos del agua
levantan por distraerse
glorietas de caracoles
y ramas de pino verde.

Su luna de pergamino
Preciosa tocando viene.
Al verla se ha levantado
el viento que nunca duerme.

San Cristóbal desnudo,
lleno de lenguas celestes
mira a la niña tocando
una dulce gaita ausente.
—Niña, deja que levante

tu vestido para verte.
Abre en mis dedos antiguos
la rosa azul de tu vientre.

Preciosa tira el pandero
y corre sin detenerse.
El viento-hombrón la persigue
con una espada caliente.

Frunce su rumor el mar.
Los olivos palidecen.
Cantan las flautas de umbría
y el liso gong de la nieve.

¡Preciosa, corre Preciosa,
que te coge el viento verde!
¡Preciosa, corre, Preciosa!
¡Míralo por dónde viene!
Sátiro de estrellas bajas
con sus lenguas relucientes.

Preciosa, llena de miedo,
entra en la casa que tiene,
más arriba de los pinos,
el cónsul de los ingleses.

Asustados por los gritos
tres carabineros vienen
sus negras capas ceñidas
y los gorros en las sienes.

El inglés da a la gitana
un vaso de tibia leche

y una copa de ginebra
que Preciosa no se bebe.

Y mientras cuenta, llorando,
su aventura a aquella gente,
en las tejas de pizarra
el viento, furioso, muerde.

Federico García Lorca

Despedida

Conque entonces, adiós. ¿No olvidas nada?
Bueno, vete... Podemos despedirnos.

¿Ya no tenemos nada que decirnos?

Te dejo, puedes irte... Aunque no, espera,
espera todavía
que pare de llover... Espera un rato.
Y sobre todo, ve bien abrigada,
pues ya sabes el frío que hace allí afuera.

Un abrigo de invierno es lo que habría
que ponerte... ¿De modo que te he devuelto todo?
¿No tengo tuyo nada?

¿Has tomado tus cartas, tu retrato?

Y bien, mírame ahora, amiga mía;
pues que en fin, ya va uno a despedirse.
¡Vaya! No hay que afligirse;
¡vamos!, ¡no hay que llorar, que tontería!

¡Y qué esfuerzo tan grande
necesitan hacer nuestras cabezas,
para poder imaginar y vernos
otra vez los amantes

aquéllos tan rendidos y tan tiernos
que habíamos sido antes!

Nos habíamos las vidas entregado
para siempre, uno al otro, enteramente,
y he aquí que ahora nos las devolvemos,
y tú vas a dejarme y yo voy a dejarte,
y pronto partiremos
cada quien con su nombre, por su lado...

Recomenzar... vagar...
vivir en otra parte...

Por supuesto, al principio sufriremos.

Pero luego vendrá piadoso olvido,
único amigo fiel que nos perdona;
y habrá otra vez en que tú y yo tornaremos
a ser como hemos sido,
entre todas las otras, dos personas.

Así es que vas a entrar a mi pasado.

Y he de verte en la calle desde lejos,
sin cruzar, para hablarte, a la otra acera,
y nos alejaremos distraídos
y pasarás ligera
con trajes para mí desconocidos.

Y estaremos sin vernos largos meses,
y olvidaré el sabor de tus caricias,
y mis amigos te darán noticias
de "aquel amigo tuyo".

Y yo a mi vez, con ansia reprimida
por el mal fingido orgullo,
preguntaré por la que fue mi estrella,
y al referirme a ti, que eras mi vida,
a ti, que eras mi fuerza y mi dulzura,
diré: ¿cómo va aquélla?

Nuestro gran corazón, ¡que pequeño era!
Nuestros muchos propósitos, ¡qué pocos!;
y sin embargo, estábamos tan locos
al principio, en aquella primavera.

¿Te acuerdas? ¡La apoteosis! ¡El encanto!

¡Nos amábamos tanto!
¿Y esto era aquel amor? ¡Quién lo creyera!
De modo que nosotros —aún nosotros—,
cuando de amor hablamos
¿somos como los otros?

He aquí el valor que damos
a la frase de amor que nos conmueve.
¡Qué desgracia, Dios mío, que seamos
lo mismo que son todos! ¡Cómo llueve!
Tú no puedes salir así lloviendo.

¡Vamos!, quédate, mira, te lo ruego,
ya trataremos de entendernos luego.

Haremos nuevos planes,
y aun cuando el corazón haya cambiado,
quizá revivirá el amor pasado
al encanto de viejos ademanes.

Haremos lo posible;
se portará uno bien. Tú, serás buena.

Y luego... es increíble,
tiene uno sus costumbres; la cadena
llega a veces a ser necesidad.

Siéntate aquí, bien mío:
recordarás junto de mí tu hastío,
y yo cerca de ti mi soledad.

Paul Geraldy

De blanco

¿Qué cosa más blanca que cándido lirio?
¿Qué cosa más pura que místico cirio?
¿Qué cosa más casta que tierno azahar?
¿Qué cosa más virgen que leve neblina?
¿Qué cosa más santa que ara divina de gótico altar?

De blancas palomas el aire se puebla;
con túnica blanca, tejida de niebla,
se envuelve a lo lejos feudal torreón;
erguida en el huerto la trémula acacia
al soplo del viento sacude con gracia su níveo pompón.

¿No ves en el monte la nieve que albea?
La torre muy blanca, domina la aldea,
las tiernas ovejas triscando se van,
de cisnes intactos el lago se llena;
columpia su copa la enhiesta azucena
su ángora inmensa levanta el volcán.

Entremos al templo: la hostia fulgura;
de nieve parecen las canas del cura,
vestido con alba de lino sutil;
cien niñas hermosas ocupan las bancas
en ramos ofrecen las flores de Abril.

Subamos al coro; la Virgen propicia
escucha los rezos de casta novicia

y el Cristo de mármol expira en la cruz;
sin manchas se yerguen las velas de seda;
de encaje es la tenue cortina ligera
que ya transparenta del alba la luz.

Bajemos al campo: tumulto de plumas
parece el arroyo de blancas espumas
que quieren, cantando, correr y saltar;
su airosa mantilla de fresca neblina
terció la montaña la vela latina
de barca ligera se pierde en el mar.

Ya salta del lecho la joven hermosa
y el agua refresca sus hombros de diosa,
sus brazos ebúrneos, su cuello gentil.
Cantando risueña se ciñe la enagua;
y trémulas brillan las gotas del agua
en su árabe peine de blanco marfil.

¡Oh mármol! ¡Oh nieves! ¡Oh inmensa blancura
que esparce doquiera tu casta hermosura!
¡Oh tímida virgen! ¡Oh casta vestal!
Tú estás en la estatua de eterna belleza;
de tu hábito blanco nació la pureza,
¡al ángel das alas, sudario al mortal!

Tú cubres al niño que llega a la vida
coronas las sienes de fiel prometida,
al paje revistes de rico tisú.
¡Qué blancos son, reinas, los mantos de armiño!
¡Qué blanco es, ¡oh madres!, la cuna del niño!
¡Qué blanca, mi amada, qué blanca eres tú!

En sueños ufanos de amores contemplo
altares muy blancos las torres de un templo
y oculto entre lirios abrirse un hogar:
y el velo de novia prenderse en tu frente,
cual nube de gasa que cae lentamente
y viene en tus hombros su encaje a posar.

Manuel Gutiérrez Nájera

Mariposas

Ora blancas cual copos de nieve
ora negras, azules o rojas,
en miriadas esmaltan el aire
y en los pétalos frescos retozan.
Leves saltan del cáliz abierto,
como prófugas almas de rosas,
y con gracia gentil se columpian
en sus verdes hamacas de hojas.
Una chispa de luz les da vida
y una gota al caer las ahoga;
aparecen al claro del día,
y ya muertas las halla la sombra.

¿Quién conoce sus nidos ocultos?
¿En qué sitio de noche reposan?
¡Las coquetas no tienen morada!
¡Las volubles no tienen alcoba!
Nacen, aman, y brillan y mueren,
en el aire al morir, se transforman,
y se van, sin dejarnos su huella,
cual de tenue llovizna las gotas.
Tal vez unas en flores se truecan
y llamadas al cielo las otras,
con millones de alitas compactas
el arco iris espléndido forman.
Vagabundas, ¿en dónde está el nido?

Sulanita, ¿qué harén te aprisiona?
¿A qué amante prefieres, coqueta?
¿En qué tumba dormís, mariposa?

¡Así vuelan y pasan y expiran
las quimeras de amor y de gloria,
esas alas brillantes del alma,
ora blanca, azules o rojas!
¿Quién conoce en que sitio os perdísteis,
ilusiones que sois mariposas?
¡Cuán ligero voló vuestro enjambre
al caer en el alma la sombra!
Tú, la blanca ¿por qué ya no vienes?
¿No eres fresco azahar de mi novia?
Te formé con el grumo del cirio
que de niño llevé a la parroquia;
eras casta, creyente, sencilla,
y al posarte temblando en mi boca,
murmurabas, heraldo de goces:
"Ya está cerca tu noche de bodas".

¡Ya no viene la blanca, la buena!
¡ya no viene tampoco la roja,
la que en sangre teñí, beso vivo,
al morder unos labios de rosa!
Ni la azul que me dijo: ¡poeta!
¡Ni la de oro, promesa de gloria!
¡Ha caído la tarde en el alma!
¡Es de noche... ya no hay mariposas!
Encended ese cirio amarillo...
¡Ya vendrán en tumulto alas muy negras
y se acercan en fúnebre ronda!

Compañeras, la cera está ardiendo:
compañeras, la pieza está sola.
¡Si por mi alma os habéis enlutado,
venid pronto, venid, mariposa!

Manuel Gutiérrez Nájera

Madre naturaleza

Madre, madre, cansado y soñoliento
quiero pronto volver a tu regazo,
besar tu seno, respirar tu aliento
y sentir la indolencia de tu abrazo.

Tú no cambias, ni mudas, ni envejeces,
en ti se encuentra la virtud perdida,
y tentadora y joven apareces
en las grandes tristezas de la vida.

Con ansia inmensa que mi ser consume
quiero apoyar las sienes en tu pecho,
tal como el niño que la nieve entume
busca el calor de su mullido lecho.

¡Aire! ¡más luz, una planicie verde
y un horizonte azul que la limite,
sombra para llorar cuando recuerde,
cielo para creer cuando medite!

Abre, por fin, hospedadora muda,
tus vastas y tranquilas soledades,
y deja que mi espíritu sacuda
el tedio abrumador de las ciudades.

No más continuo batallar: ya brota
sangre humeante de mi abierta herida,

y quedo inerme, con la espada rota,
en la terrible lucha por la vida.

Acude madre, y antes que perezca
y bajo el peso, del dolor sucumba;
¡o abre tus senos, y que el musgo crezca
sobre la humilde tierra de mi tumba!
¿Sabes lo que es un suspiro?
¡Un beso que no se dio!
¡Con cadena y cerrojos
los aprisionan severos,
y apenas los prisioneros
se me asoman a los ojos!

¡Pronto rompen la cadena
de tan injusta prisión,
y no mueren más de pena
que ya está de besos llena
la tumba del corazón!

¿Qué son las bocas? Son nidos.
¿Y los besos? ¡Aves locas!
Por eso, apenas nacidos,
de sus nidos aburridos
salen buscando otras bocas.

¿Por qué en cárcel sepulcral
se trueca el nido del ave?
¿Por qué los tratas tan mal,
si tus labios de coral
son los que tienen la llave?

Besos que, apenas despiertos,
volar del nido queréis

a sus labios entreabiertos
en vuestra tumba, mis muertos,
dicen: ¡Resucitaréis!

Manuel Gutiérrez Nájera

Para entonces

Quiero morir cuando decline el día,
en alta mar y con la cara al cielo;
donde parezca sueño la agonía
y el alma un ave que remonta el vuelo.

No escuchar en los últimos instantes,
ya con el cielo y con el mar a solas,
más voces ni plegarias sollozantes
que el majestuoso tumbo de las olas.

Morir cuando la luz triste retira
sus áureas redes de la onda verde,
y ser como ese sol que lento expira:
algo muy luminoso que se pierde.

Morir, y joven: antes que destruya
el tiempo aleve la gentil corona:
cuando la vida dice aún: soy tuya,
aunque sepamos bien que nos traiciona.

Manuel Gutiérrez Nájera

La chacha Micaila

Mi cantón, magresita del alma,
ya pa qué lo quero,
si se jué la paloma del nido
si me falta el calor de su cuerpo,
si ya sus canarios
de tiricia se han ido muriendo,
si los capulines
ya no sueltan sus frutos del tiempo,
y las campanillas, las adormideras
se han cáido, tan recio
que cualquiera que va a visitarme
pisa sobre pétalos.
Y yo que la vide, dialtiro decáida
y con los ojos negros
zambutidos en unas ojeras
moradas, y aluego
los tales quejidos
los tales mareos
que dizque eran váidos
al decir del médico.
Ya no más de acordarme, padezco.
¡álgame la Virgen!,
mucho escalofrío
y me hogo del pecho,
y se mi hacen manos y pieses,
como los badajos de los timbres létricos.
¡Qué poco a poquito se me jué muriendo!

y lloraba la probe en silencio.
—No llores Micaila,
por toitos los santos del Cielo,
tosía y tosía
y al decirlo lloraba yo mesmo.
—Si te pondrás güena,
con los revoltijos que te ha dao el médico,
no sías desconfiada con las medecinas,
que a mí me sacaron del maldito infierno.

¡Ándale, mi Chacha,
quero ver en tu rostro trigueño
como dos tizones
achispaos tus lindos ojuelos.
¡Ah!, se me olvidaba decirte que trujo
un rebozo de bola
mi compadre Chencho,
pa cuando te alivies
y en el cuaco trotón, en el prieto,
he pensado pa entonces que vayamos
los dos riales un sábado a verlo.
¿Queres? Y el domingo le entraremos
al mole muy rico,
y a la barbacoa,
y a los asaderos,
al paso golvemos
y en cuanto que Dios escurezca,
por el llano, abajo,
asegún se sigue la falda del cerro...
¡Micaila! no llores
y le daba un beso.
Ella se sonría
un instante, pero
me miraba con una tristeza

como si !a sombra del presentimiento
la preñara los ojos de llanto,
que después derramaba en silencio.

El día de su muerte,
su rostro cenizo me dio mucho miedo,
—¿Pos que tienes, Chacha?
—No sé lo que tengo,
pero sé que me voy y es pa siempre.
—Correré si quieres por el siñor médico.
¿queres, trigueñita?
—¿Ya pa qué?, mejor tate sosiego.
Antes de que me hoguen los remordimientos
quero hablarte por último, Chacho.
Asiéntate y oye; yo quise decírtelo
dende hace mucho tiempo
y a la mera, no, pos yo me ciscaba.
¡Como uno es mujer! Chacho, ¡qué caray!
y el miedo dizque no anda en burro
pero ora qué li hace, mi negro,
si ya se muere tu Chacha
qué li hace que sepas mi horrible secreto.
Hace unos seis años, siguro, ¿recuerdas
que nos envitaron a los herraderos
los siñores amos?
—¡Vaya si me acuerdo!
¿No jué aquel domingo
que salí cornao por un toro prieto,
cerca de las trancas, en el Rancho Verde
del ñor Juan?
—El mesmo,
ya vide que tiás acordado;
pos ay tienes nomás que al saberlo,
de la casa grande

por !a puerta mesma me salí corriendo
y en las trancas jallé a Don Antonio,
aquel hijo mayor de Don Pedro,
que era entonces alcalde del pueblo.

Preguntéle al punto
por ti, por tu herida, por tu paradero,
y me dijo que en una camilla
te jalaron pa casa del médico,
y que si quería me llevaba en ancas.
En el punto mesuro
aceité, ¡qué caray!, no era cosa
de dejarte morir como un perro.
No nos vido salir de las trancas
naiden, y llegando de un bote al potrero
y a galope tendido trepamos
a la cuesta del cerro,
y al bajar la barranca del Cristo,
tan jonda y tan negra,
don Antonio empezó con sus cosas,
con sus chicoleos:
que si yo era una rosa de mayo,
que si eran mis ojos nocturnos luceros.
Yo a todo callaba; él se puso necio
y me dijo que tú eras muy probe:
total un ranchero;
que él, en cambio, era dueño de hacienda
con muchas talegas de pesos;
que ti abandonara
y nos fuéramos pa México,
o pa los Uruapas o pa los Querétanos.
Yo me puse muy gira y le dije
qui aunque probe me daba mi prieto
pa presumir mucho

y andar diariamente con el zagalejo
muy lentejueliao
y cada semana con rebozo nuevo.
—Pos si no por amor, por la juerza,
me dijo rayando su penco;
y sin más me apretó la centura
y mi boca manchó con un beso.
Nunca lo hubiera hecho, sentí que la sangre
cegaba mis ojos, y el furor, mi seno;
saqué del arzón el machete,
y por las espaldas, lo jundí en su cuello.
Cayó pa delante con un grito horrendo,
y rodó rebotando hasta el jondo
del desfiladero...
Naiden supo nada;
cuando lo jallaron todito disecho,
guiados por el puro jedor del barranco,
los jueces dijeron,
quesque jué un suicidio,
por no sé qué amores y demás enredos.
Yo me estuve callada la boca
pero ahora, pos dime. ¿Ya pa qué, mi prieto?
Se quedó como estática; acaso
rezaba al morir, por el muerto.
La abracé en silencio
la besé en silencio
y poco a poquito, se me jué muriendo...
Mi jacal tá maldito...
si lo queres, madre, pos ai te lo dejo,
si te cuadra, quémalo,
no lo queres, véndelo;
yo me güelvo a las filas, mi mama,
a peliar por la patria me güelvo;
si me quebra una bala, ¡qué liace!

al cabo en el mundo,
pa los que sufrimos la muerte en el alma,
vivir o morir es lo mesmo.
Mi cantón, magresita del alma,
sin ella ¿ya pa qué lo quero...?

Antonio Guzmán Aguilera

Vida-garfio

Amante: no me lleves, si muero, al camposanto.
A flor de tierra abre mi fosa, junto al riente
alboroto divino de alguna pajarera.
o junto a la encantada charla de alguna fuente.

A flor de tierra, amante. Que el tránsito así sea
donde el sol me caliente los huesos, y mis ojos
alargados en tallos, suban a ver de nuevo
la lámpara salvaje de los ocasos rojos.

A flor de tierra. Amante. Que el tránsito así sea
más breve. Yo presiento
la lucha de mi carne por volver hacia arriba,
por sentir en sus átomos la frescura del viento.

Yo sé que acaso nunca allá abajo mis manos
podrán estarse quietas,
que siempre, como topos, arañarán la tierra
en medio de las sombras estrujadas y prietas.

Arrójame semillas. Yo quiero que se enraicen
en la greda amarilla de mis huesos menguados.
¡Por la parda escalera de las raíces vivas
yo subiré a mirarte en los lirios morados!

Juana de Ibarbourou

El dulce milagro

¿Qué es esto? ¡Prodigio! Mis manos florecen.
Rosas, rosas, rosas a mis dedos crecen.
Mi amante besóme las manos, y en ellas,
¡Oh, gracia! brotaron rosas como estrellas.

Y voy por la senda voceando el encanto
y de dicha alterno sonrisa con llanto,
y bajo el milagro de mi encantamiento
se aroman de rosas las alas del viento.

Y murmura al verme la gente que pasa:
—¿No veis que está loca? Tornadla a su casa.
¡Dice que en las manos le han nacido rosas
y las va agitando como mariposas!

¡Ah, pobre la gente que nunca comprende
un milagro de éstos y que sólo entiende,
que no nacen rosas más que en los rosales!
¡Y que no hay más trigo que el de los trigales!

Que requiere líneas y color y forma
y que sólo admite realidad por norma,
Que cuando uno dice: —Voy con la dulzura,
de inmediato buscan a la criatura.

Que me digan loca, que en celda me encierren,
que con siete llaves la puerta me cierren,

que junto a la puerta pongan un lebrel,
carcelero rudo, carcelero fiel.

Cantaré lo mismo: —Mis manos florecen.
Rosas, rosas, rosas a mis dedos crecen.
¡Y toda mi celda tendrá la fragancia,
de un inmenso ramo de rosas de Francia!

Juana de Ibarbourou

Sensación de regreso

Madre, madre, aquí estoy. Cuando la suerte quiso,
como bohemio errante dejé tu paraíso
y fui de gente en gente
y fui de Corte en Corte:
de los soles de Oriente a las brumas del Norte:
pero ni el sol ni el hielo
de ti me tuvo ausente;
el azul de unos ojos me hablaba de tu cielo,
lo diáfano de un verso evocaba tu ambiente
y en el más crudo invierno, un soplo de fragancia,
aromas de tus campos me trajo a la distancia.

Hoy, enfermo y cansado, temí que mis despojos,
con las manos cruzadas y cerrados los ojos,
llegaran hasta ti; por eso vine antes,
para mirar de nuevo tus estrellas radiantes.
Cual si fuese un fantasma, ya mi sombra se aúna
a la de los sabinos del bosque milenario en las noches de luna.
Ayer no estuve ausente: hoy, qué importa que muera.
Sobre tus verdes campos una estación impera:
invierno, otoño, estío, aquí son primavera.
Arrópenme con tierra tus manos amorosas,
el rictus de mi boca han de borrar tus besos,
la savia de mi carne y el polvo de mis huesos
renacerán en rosas.

Madre, madre, no llores. Si mi cuerpo sepultas
y ves brotar zarzales, será, ¿no lo adivinas?
que mis penas ocultas
renacen en espinas:
pero también en flores.
Madre, madre, no llores:
símbolo de mi vida
será mi corazón una zarza florida.

Francisco A, de Icaza

Reliquia

En la calle silenciosa
resonaron mis pisadas;
al llegar frente a la reja
sentí abrirse la ventana...

¿Qué me dijo? ¿Lo sé acaso?
Hablábamos con el alma...
como era la última cita,
la despedida fue larga.

Los besos y los sollozos
completaron las palabras
que de la boca salían
en frases entrecortadas.

"Rézale cuando estés triste,
dijo al darme una medalla,
y no pienses que vas solo
si en tus penas te acompaña".

Le dije adiós muchas veces
sin atreverme a dejarla,
y al fin, cerrando los ojos,
partí sin volver la cara.

No quiero verla, no quiero,
¡será tan triste encontrarla

con hijos que no son míos
durmiendo sobre su falda!

¿Quién del olvido es culpable?
Ni ella ni yo: la distancia...
¿Qué pensará de mis versos?
Tal vez mucho, quizá nada.

No sabe que en mis tristezas,
frente a la imagen de plata,
invento unas oraciones,
que suplen las olvidadas.

¿Serán buenas? ¡Quién lo duda!
Son sinceras, y eso basta;
yo les rezo a mis recuerdos
y se alegra mi nostalgia,
frente a la tosca medalla.

Y se iluminan mis sombras,
y cruzan nubes de incienso
el santuario de mi alma.

Francisco A. de Icaza

Oración para que un niño no se muera

Dios mío, conservadles ese niño pequeño
tal como conserváis una hoja en el viento.
Ved llorar a la madre. Dios mío, ¿qué os importa
que no se muera el niño, no llevárosle ahora,
como si no pudiera nada evitarlo? Ved
que si le dejáis vivo, rosas ha de ofrecer
en Corpus, para el año que viene, en vuestro altar.
Vos no ponéis, Dios mío, que sois todo bondad,
la muerte azul en las mejillas sonrosadas,
a menos que os llevéis los niños a una casa
bella, en que con sus madres estén a la ventana...
¿Por que no ha de ser ésta?... Si el momento ha llegado,
Dios mío, al ver morir a este niño, acordaos
de que vos vivís siempre de vuestra madre al lado.

Francisco Jammes

La cojita

La niña sonríe: ¡Espera,
voy a coger la muleta!
Sol y rosas. La arboleda
movida y fresca, dardea
limpias luces verdes. Gresca
de pájaros, brisas nuevas.
La niña sonríe: ¡Espera,
voy a coger la muleta!
Un cielo de ensueño y seda
hasta el corazón se entra.
Los niños, de blanco, juegan,
chillan, sudan, llegan:
...nenaa!
La niña sonríe: ¡Espera,
voy a coger la muleta!
Saltan sus ojos. Le cuelga,
girando, falsa, la pierna.
Le duele el hombro. Jadea
contra los chopos. Se sienta.
Ríe y llora y ríe: ¡Espera,
voy a coger la muleta!
¡Mas los pájaros no esperan;
los niños no esperan! Llega
la Primavera. Es la fiesta
del que corre y del que vuela...
La niña sonríe: ¡Espera,
voy a coger la muleta!

Juan Ramón Jiménez

Y pensar que pudimos

Y pensar que extraviamos
la senda milagrosa
en que se hubiera abierto
nuestra ilusión, como perenne rosa...

Y pensar que pudimos,
enlazar nuestras manos
y apurar en un beso
la comunión de fértiles veranos...

Y pensar que pudimos,
en una onda secreta
de embriaguez, deslizarnos,
valsando un vals sin fin, por el planeta...

Y pensar que pudimos,
al rendir la jornada,
desde la sosegada
sombra de tu portal y en una suave
conjunción de existencias,
ver las cintilaciones del Zodiaco
sobre la sombra de nuestras conciencias...

Ramón López Velarde

Inventario galante

Tus ojos me recuerdan
las noches de verano,
negras noches sin lupa,
orillas al mar salado,
y al chispear de estrellas
del cielo negro y bajo.
Tus ojos me recuerdan
las noches de verano.
Y tu morena carne,
los trigos requemados,
y el suspirar de fuego
de los maduros campos.

Tu hermana es clara y débil
como los juncos lánguidos,
como los sauces tristes,
como los linos glaucos.
Tu hermana es un lucero
en el azul lejano...
Y es alba y aura fría
sobre los pobres álamos
que en las orillas tiemblan
del río humilde y manso.
Tu hermana es un lucero
en el azul lejano.

De tu morena gracia,
de tu soñar gitano,
de tu mirar de sombra
quiero llenar mi vaso.
Me embriagaré una noche
de cielo negro y bajo,
para contar contigo,
orilla al mar salado,
una canción que deje
cenizas en los labios...
De tu mirar de sombra
quiero llenar mi vaso.

Para tu linda hermana
arrancaré los ramos
de florecillas nuevas
a los almendros blancos,
en un tranquilo y triste
alborear de marzo.
Los regaré con agua
de los arroyos claros,
los ataré con verdes
juntillos del remanso...
Para tu linda hermana
yo haré un ramito blanco.

Antonio Machado

Un criminal

El acusado es pálido y lampiño.
Arde en sus ojos una fosca lumbre,
que repugna a su máscara de niño
y ademán de piadosa mansedumbre.

Conserva del obscuro seminario
el talante modesto y la costumbre
de mirar a la tierra o al breviario.

Devoto de María,
madre de pecadores,
por Burgos bachiller en teología,
presto a tomar las órdenes menores.

Fue su crimen atroz. Hartóse un día
de los textos profanos y divinos,
sintió pesar del tiempo que perdía
enderezando hipérbatons latinos.

Enamoróse de una hermosa niña;
subiósele el amor a la cabeza
como el zumo dorado de la viña,
y despertó su natural fiereza.

En sueños vio a sus padres —labradores
de mediano caudal —iluminados
del hogar por los rojos resplandores,
los campesinos rostros atezados.

Quiso heredar. ¡Oh, guindos y nogales
del huerto familiar, verde y sombrío,
y doradas espigas candeales
que colmarán las trojes del estío!

Y se acordó del hacha que pendía
en el muro, luciente y afilada,
el hacha fuerte que la leña hacía
de la rama del roble cercenada.

Frente al reo, los jueces con sus viejos
ropones enlutados;
y una hilera de obscuros entrecejos
y de plebeyos rostros: los jurados.

El abogado defensor perora,
golpeando el pupitre con la mano;
emborrona papel un escribano,
mientras oye el fiscal, indiferente,
el alegato enfático y sonoro,
y repasa los autos judiciales
o, entre sus dedos, de las gafas de oro
acaricia los límpidos cristales.

Dice un ujier: "Va sin remedio al palo".
El joven cuervo la clemencia espera.
Un pueblo, carne de horca, la severa
justicia aguarda que castiga al malo.

Antonio Machado

Cantares

Vino, sentimiento, guitarra y poesía
hacen los cantares de la patria mía...
Cantares...
Quien dice cantares, dice Andalucía.
A la sombra fresca de la vieja parra
un mozo moreno rasguea la guitarra...
Cantares...
Algo que acaricia y algo que desgarra.
La prima que canta y el bordón que llora...
Y el tiempo callado se va hora tras hora.
Cantares...
Son dejos fatales de la raza mora.
No importa la vida, que ya está perdida;
y después de todo, ¿qué es eso, la vida?...
Cantares...
Cantando la pena, la pena se olvida.
Madre, pena, suerte, pena, madre, muerte,
ojos negros, negros, y negra la suerte...
Cantares...
En ellos el alma del alma se vierte.
Cantares. Cantares de la patria mía...
Cantares son sólo los de Andalucía.
Cantares...
No tiene más notas la guitarra mía.

Manuel Machado

Castilla

El ciego sol se estrella
en las duras aristas de las armas,
llaga de luz los petos y espalderas
y flamea en la punta de las lanzas.

El ciego sol, y la fatiga.
Por la terrible estepa castellana,
al destierro, con doce de los suyos
—polvo, sudor y hierro—, el Cid cabalga.

Cerrado está el mesón a piedra y lodo…
Nadie responde. Al pomo de la espada
y la cuenta de las picas el postigo
va a ceder… Quema el sol, el aire abrasa.

A los terribles golpes,
de eco ronco, una voz, pura, de plata
y de cristal, responde… Hay una niña
muy débil y muy blanca
en el umbral. Es toda
ojos azules, y en los ojos lágrimas.

Qué pálida nimba
su carita curiosa y asustada.
"Buen Cid pasad… El rey nos dará muerte,
arruinará la casa,
y sembrará de sal el pobre campo

que mi padre trabaja...
Idos. El cielo os colme de venturas...
¡En nuestro mal, oh Cid, no ganáis nada!"

Calla la niña, llora sin gemido...
Un sollozo infantil cruza la escuadra
de feroces guerreros.
Y una voz inflexible grita: "¡En marcha!"

El ciego sol, la sed y la fatiga.
Por la terrible estepa castellana,
al destierro, con doce de los suyos
—polvo, sudor y hierro—, el Cid cabalga.

Manuel Machado

Despedida de la luna

Yo fui, en mi tiempo mejor,
víctima como el poeta
de la pálida coqueta
del crimen y del amor.

Te amé, Noche, en el placer,
morena ardiente y sabida;
mas ya, mi vieja querida,
no son los tiempos de ayer.

Todas mis ternuras son
para mi joven esposa,
que es la mañana de rosa
que nace en mi corazón.

Tuve amores..., amoríos
pasajeros más que flores;
amores que no eran míos;
ni siquiera eran amores.

Pero, en ellos, de mil modos
mi juventud embriagué:
todas sus mieles y todos
sus acíbares gusté.

Imaginación, pasión,
en sus garras me han tenido,

y casi se ha consumido
ardiendo mi corazón.

Mas, como la buena brisa,
que de cenizas se cubre,
aún guardo candela en casa
para el prematuro octubre.

Dejé el vagar infeliz
y la tristeza infinita
de un vivir cosmopolita
sin amparo y sin raíz,
por la ventura posible
y por la dicha segura
y por la tibia dulzura
de un amor más apacible.

Volví de París, en fin,
donde nos hemos querido
mis aventuras de Arlequín,
he puesto ya en el olvido.

De tonos negros y rojos
limpiándose el alma va.
Mira el paisaje que está
en el cristal de mis ojos.

Es el campo, y amanece;
los árboles se cimbrean
y orgullosos, cabecean
al despertar, y parece
que de cantar tiene gana
y que se tiende de risa
las mieses, bajo la brisa
alegre de la mañana.

Alegre el río retrata el cielo,
verdece el suelo,
y al aire, al campo y al cielo
dice con su voz de plata:

"Vivir es supremo bien:
y, mejor que inteligente,
hay que ser bueno y valiente,
mirar claro y hablar bien."

Manuel Machado

Retrato

Ésta es mi cara y ésta es mi alma. Leed;
Unos ojos de hastío y una boca de sed...
Lo demás... nada... Vida... Cosas... Lo que se sabe...
Calaveradas, amoríos... Nada grave.
Un poco de locura, un algo de poesía,
una gota de vino de la melancolía...
¿Vicios? Todos. Ninguno... jugador, no lo he sido;
no gozo lo ganado ni siento lo perdido.
Debo, por no negar mi tierra de Sevilla,
media docena de cañas de manzanilla.
Las mujeres... sin ser un Tenorio —eso, no—
tengo una que me quiere, y otra a quien quiero yo.

Me acuso de no amar sino muy vagamente
una porción de cosas que encantan a la gente...
La agilidad, el tino, la gracia, la destreza;
más que la voluntad, la fuerza y la grandeza...
Mi elegancia es buscada, rebuscada. Prefiero,
a lo helénico y puro, lo *chic* y lo *torero.*
Un destello de sol y una risa oportuna
amo más que las languideces de la luna.
Medio gitano y medio parisién —dice el vulgo—,
con Montmartre y con la Macarena comulgo...
Y, antes que un tal poeta, mi deseo primero
hubiera sido un buen banderillero.

Es tarde... Voy de prisa por la vida. Y mi risa
es alegre, aunque no niego que llevo prisa.

Manuel Machado

Otra

Puede que fueras tú... Confusamente,
entre la mucha gente,
esbelta, serpentina
—y vestida de blanco—
una mujer divina
llamó a mis ojos... Pero ¡No! Tú vistes
el negro, siempre, de las noches tristes.

Puede que fueras tú... Porque mi alma
se salió toda por mis ojos... Tanto,
que si yo no pensara
en aquel pelo negro que tu
cara acaricia, ¡tan negro!... Juraría
que eras tú aquella rubia como el día.

...Y puede que tú fueras... Aunque aquella
mujer iba apoyada
en el brazo de un hombre, alegre y bella.

Y rozándole la cara con su cabello,
con mirada indecible
de amor... ¡Y es imposible
que tú vuelvas a amar después de aquello!

Manuel Machado

Predicación de San Francisco

...Al resplandor color de miel
de un alba dorada,
el verdor penetrado de luz, y la piel
de las yerbas humildes de rocío lavada,
predicaba el de Asís: una selva, el lugar,
vegetal coliseo de troncos y nidos;
catedral con cristales de esmeraldas pulidos;
mosaico las yerbas; los claros arbustos, altar.

Predicaba el de Asís, y le oían
muchedumbre de pájaros, que haciendo
reverencia a la prédica, venían
a posarse a sus pies, y parecían
millares de gotitas de corazón, latiendo.

"Por el amor de Dios, hermanas Aves,
alabadme al Señor, que os ha dado
agua en las fuentes y trigo en el prado
y en el pecho calor y alas de plumas suaves
para incubar las crías en el nido abrigado.
¡Alabadme al Señor, hermanas Aves!"

El silencio era de cristal,
y todas las cosas
tomaban calidades religiosas

en la hora matinal...
Gemía una alondra, piaba un pardal,
se apiñaban, en los senderos,
obscuros ruiseñores,
canarios jaros, mestizos jilgueros,
con los demás..., ejércitos enteros
de innumerables pintas y colores.
Y la mano del Santo, en el aire, ascendía
como la llama de un cirial
y pegándose al cuerpo rígido parecía
de madera de talla su tosco sayal.
Y el Santo bendijo a la turba
sumisa y alada
y la mandó volar. Y al volar la bandada,
que tomó el sol, trazando la curva
grácil del vuelo,
desparramó en el aire matices y fulgores
como si, a una señal del *poverello,*
desbandados los átomos de todos colores,
se diluyera el Iris para inundar el cielo...

Eduardo Marquina

Salmo de amor

¡Dios te bendiga, amor, porque eres bella!
¡Dios te bendiga, amor, porque eres mía!
¡Dios te bendiga, amor, cuando te miro!
¡Dios te bendiga, amor, cuando me miras!

¡Dios te bendiga si me guardas fe:
si no me guardas fe, Dios te bendiga!
¡Hoy que me haces vivir, bendita seas;
cuando me hagas morir, seas bendita!

¡Bendiga Dios tus pasos hacia el bien;
tus pasos hacia el mal, Dios los bendiga!
¡Bendiciones a ti cuando me acoges;
bendiciones a ti cuando me esquivas!

¡Bendígate la luz de la mañana
que al despertarte hiere tus pupilas:
bendígate la sombra de la noche,
que en su regazo te hallará dormida!

¡Abra los ojos para bendecirte,
antes de sucumbir, el que agoniza!
¡Si al herir te bendice el asesino,
que por su bendición Dios le bendiga!

¡Bendígate el humilde a quien socorras!
¡Bendígante, al nombrarte, tus amigas!

¡Bendígante los siervos de tu casa!
¡Los complacidos deudos te bendigan!

¡Te dé la tierra bendición en flores,
Y el tiempo en copia de apacibles días,
Y el mar se aquiete para bendecirte,
y el dolor se eche atrás y te bendiga!

¡Vuelva a tocar con el nevado lirio
Gabriel tu frente, y la declare ungida!
¡Dé el cielo a tu piedad don de milagro
y sanen los enfermos a tu vista!

¡Oh querida mujer!... ¡Hoy que me adoras,
todo de bendiciones es el día!
¡Yo te bendigo, y quiero que conmigo
Dios y el cielo y la tierra te bendigan!

Eduardo Marquina

Vergüenza

Si tú me miras, yo me vuelvo hermosa
como la hierba que bajó al rocío,
y desconocerán mi faz gloriosa
las altas cañas cuando bajé al río.

Tengo vergüenza de mi boca triste,
de mi voz rota y mis rodillas rudas;
ahora que me miraste y que viniste,
me encontré pobre y me palpé desnuda.

Ninguna piedra en el camino hallaste
más desnuda de luz en la alborada
que esta mujer a la que levantaste,
porque oíste su canto, la mirada.

Yo callaré para que no conozcan
mi dicha los que pasan por el llano,
en el fulgor que da a mi frente tosca
y en la tremolición que hay en mi mano...

Es noche y baja a la hierba el rocío;
mírame largo y habla con ternura,
¡que ya mañana al descender al río
la que besaste llevará hermosura!

¿No hay un rayo de sol que los alcance un día?
¿No hay agua que los lave de sus estigmas rojos?

¿Para ellos solamente queda tu entraña fría,
sordo tu fino oído, apretados tus ojos?

Tal el hombre asegura por error o malicia;
mas yo, que te he gustado, como vino, Señor,
mientras los otros sigan llamándote Justicia
¡no te llamaré nunca otra cosa que Amor!

Yo sé cómo el hombre fue siempre zarpa dura;
la catarata, vértigo; aspereza la sierra,
tú eres el vaso donde se esponjan de dulzura
¡los nectarios de todos los huertos de la Tierra!

Gabriela Mistral

Los sonetos de la muerte

Del nicho helado en que los hombres te pusieron
te bajaré a la tierra humilde y soleada.
Que de dormir en ella los hombres no supieron,
y que hermoso de soñar sobre la misma almohada.

Te acostaré en la tierra soleada con una
dulcembre de madre para el hijo dormido,
y la tierra ha de hacerse suavidades de cuna,
al recibir tu cuerpo de niño dolorido.

Luego iré espolvoreando tierra y polvo de rosas,
y en la azulada y leve polvareda de luna,
los despojos livianos irán quedando presos.

Me alejaré cantando mis venganzas hermosas,
¡porque a ese hondor recóndito la mano de ninguna
bajará a disputarme tu puñado de huesos!

Gabriela Mistral

El Cristo de mi cabecera

Cuando estaba solo... solo en mi cabaña,
que construí a la vera de la audaz montaña,
cuya cumbre, ha siglos engendró el anhelo
de romper las nubes... y tocar el cielo;
cuando sollozaba con el desconsuelo
de que mi Pastora —más que nunca huraña—,
de mi Amor al grito nada respondía;
cuando muy enfermo de Melancolía,
una voz interna siempre me decía
que me moriría
si su almita blanca para mí no fuera,
¡le rezaba al Cristo de mi cabecera,
porque me quisiera...!
...¡Porque me quisiera...!

Cuando nos unimos con eternos lazos
y la pobrecita me tendió sus brazos
y me dio sus besos y alentó mi Fe;
cuando en la capilla de la Virgen Pura
nos bendijo el Cura
y el encanto vino y el dolor se fue...;
cuando me decía
loca de alegría
que su vida toda para mí sería...
¡le rezaba al Cristo de mi cabecera,
porque prolongara nuestra Primavera...!
...¡Porque prolongara nuestra Primavera...!

Cuando sin amparo me dejó en la vida
y en el pobre lecho la miré tendida;
cuando até sus manos, que mostraban una
santa y apacible palidez de luna
y corté su hermosa cabellera bruna,
que en el fondo guardo de mi viejo arcón;
cuando, con el alma rota en mil pedazos,
delicadamente la tomé en mis brazos
para colocarla dentro del cajón;
cuando muy enfermo de Melancolía,
una voz interna siempre me decía
que ya nada ¡nada! me consolaría,
¡le rezaba al Cristo de mi cabecera,
porque de mis duelos compasión tuviera...!
...¡Porque de mis duelos compasión tuviera...!

Hoy que vivo solo... solo en mi cabaña,
que construí a la vera de la audaz montaña,
cuya cumbre ha siglos engendró el anhelo
de romper las nubes y besar el cielo;
hoy que por la fuerza del Dolor, vencido,
busco en el silencio mi rincón de Olvido;
mustias ya las flores de mi Primavera;
triste la Esperanza y el Encanto ido;
rota la Quimera
muerta la Ilusión...

...¡Ya no rezo al Cristo de mi cabecera...!
¡Ya no rezo al Cristo... que jamás oyera
los desgarramientos de mi corazón...!

Rubén C. Navarro

¡Tabernero!

¡Tabernero!
¡Voy de paso!
Dame un vaso
de tu vino,
que me quiero emborrachar,
para dejar de pensar
en este cruel destino,
¡que me hiere sin cesar...!

¡Tabernero, dame vino,
del bueno para olvidar...!

Tú que a todos envenenas
con tu brebaje maldito,
¿cómo quieres comprender
lo infinito
de las penas
que da al morir un querer?
Acaso nada te apura
porque tienes la ventura
de tener
una dulce compañera
que te espera,
sin saber
que algún día no lejano,
se irá con rumbo al Arcano,
para nunca más volver...!

Yo también tuve un Amor,
que fue grande, ¡quizá tanto
como lo es hoy mi dolor!
y también sentí el encanto
de una boca perfumada,
que en la frente y en los ojos
y en los labios me besó!
Yo también tuve mi amada;
pero... ya no tengo nada
porque Dios me la quitó...!

Ya ves qué amargo el Destino
que me hiere sin cesar.
¡Tabernero... dame vino...
del bueno... para olvidar...!

Rubén C. Navarro

Guaja

Ven acá, granuja.
¿Dónde andas, so guaja?
Hoy te mondo los güesos a palos,
No llores ni juyas, porque no te escapas.
Yo no sé lo que hacer ya contigo.
¡Me tienes muy jarta!
A ti ya no te valen razones,
A ti ya no te valen palabras,
ni riñas, ni encierros,
ni golpes, ni nada.
Te dije al marcharme "Levántate pronto,
y estira los güesos, y dobla las mantas,
y enciende la lumbre, arrima el puchero,
y enjuaga las ollas, y barre la casa".
Y vengo y me encuentro, grandísimo pillo,
la lumbre sin brasas;
la puchera, sin caldo ni pringue:
la vivienda, peor que una cuadra;
la burra, sin pienso;
las pilas, sin agua.
¿Segaste la yerba?
¿Trajiste la paja?
¿Regaste los tiestos?
¿Cerniste la harina? ¿Clavaste la estaca?
¿Comió la cordera? ¿Bebió la lechona?

¿Cogiste los güevos? ¿Mudaste la cabra?
¿Y a ti qué te importa? ¿Pa qué quiés cansarte,
si aquí está la burra que tó te loaga?
¿Te piensas, granuja, que ha de estar tu madre
jechita una negra, quemándose el alma,
pa que tú me malgastes el tiempo,
que da más que lástima,
jecho un ropasuelta,
jecho un rajamantas,
por esas callejas detrás de los perros,
por esos regatos tirando a las ranas,
o buscando níos por las zarzamoras,
que así estás de !indo, grandísimo guaja?
¿Y ese siete tan guapo en la blusa?
¿Y esos pantalones tan llenos de manchas?
¡Qué gorra más limpia!
¡Qué medias tan majas!
¡Qué pelos tan lindos!
¡Qué codos, qué cuello, qué puños, qué mangas!
¡Yo no sé lo que hacer ya contigo!
¡Me tienes muy jarta!

¡De sobra conoces que semos solitos,
que ya no tenemos quien nos lo ganaba...
que la vida de toitos los pobres
es vida de lágrimas...
Pero ni por ésas.
A ti, que te den roncando en la cama,
y te pongan la mesa tres veces,
y rueden los días, y viva la holganza.
Súbete esos calzones, so pillo;
átate esos zapatos, so randa,
Quítate esos mocos.
Lávate esa cara

¡Y vete ahora mismo donde no te vea
Que me tienes, me tienes muy jarta!
e aseguro, chiquitín, te aseguro
que esto se te acaba
en desde mañana, a la cola del burro;
conmigo a la plaza,
conmigo al molino,
conmigo a la jaza;
¡A suar fatigas!
¡A mojarte el alma!
Ya verás las penitas que cuesta,
ya verás con qué agobios se gana
ese pan que tan cómodamente
a lo bobo, a lo bobo te zampas.
La aurora se acerca
espléndida, diáfana:
lentamente despliegan los campos
su manto de escarcha.
La madre, afanosa, se tira del lecho
y sus toscos aperos prepara,
que ya espera, más ruda que nunca,
la brega diaria;
se acerca a la cama,
donde el niño cándido
tranquilo descansa.
Un instante contempla amorosa
su faz sonrosada,
y después con cariño ferviente.
Dando un beso en sus labios, exclama:
—¡Yo turbar ese sueño tan dulce!...
¡No fuera quien soy, ni tuviera entrañas!
¡Juega y brinca y destroza, hijo mío!
¡Tu madre lo gana!

Vicente Neira

Gratia plena

Todo en ella encantaba, todo en ella atraía
su mirada, su gesto, su sonrisa, su andar...
El ingenio de Francia de su boca fluía
Era llena de gracia, como el Avemaría.
¡quien la vio no la pudo ya jamás olvidar!

Ingenua como el agua, diáfana como el día,
rubia y nevada como Margarita sin par,
al influjo de su alma celeste amanecía;
Era llena de gracia, como el Avemaría;
¡quien la vio no la pudo ya jamás olvidar!

Cierta dulce amable dignidad la investía
de no sé qué prestigio lejano y singular,
más que muchas princesas, princesa parecía:
¡quien la vio no la pudo ya jamás olvidar!

Yo gocé el privilegio de encontrarla en mi vía
dolorosa; por ella tuvo fin mi anhelar,
y cadencias arcanas, halló mi poesía.
Era llena de gracia, como el Avemaría;
¡quien la vio no la pudo ya jamás olvidar!

¡Cuánto, cuánto la quise! ¡Por diez años fue mía,
pero flores tan bellas nunca pueden durar!
Era llena de gracia, como el Avemaría;
y a la Fuente de gracia, de donde procedía,
se volvió... ¡como gota que se vuelve a la mar!

Amado Nervo

¡Muerta!

En vano entre las sombras mis brazos siempre [abiertos,
asir quieren su imagen con ilusorio afán.
¡Qué noche tan callada, qué limbos tan inciertos!
¡Oh, Padre de los vivos, adónde van los muertos,
adónde van los muertos, señor, adónde van!

Muy vasta, muy distante, muy honda, si, muy honda,
¡Pero muy honda! debe ser, !ay!, la negra onda
en que navega su alma como tímido albor,
para que aquella madre tan buena no responda
ni se estremezca al grito de mi infinito amor.

Glacial, sin duda, es esa zona que hiende. Fría,
¡Oh, sí, muy fría, pero muy fría! debe estar
para que no la mueva la voz, fría debe estar
para que todo el fuego de la ternura mía
su corazón piadoso no llegue a deshelar.

Acaso es una playa remota y desolada,
enfrente de un océano sin límites, que está
convulso a todas horas, mi ausente idolatrada
los torvos horizontes escruta, con mirada
febril, buscando un barco de luz que no vendrá.

¡Quién sabe por qué espacios brumosos y desiertos,
sus blancas alas trémulas el vuelo tenderán!

¡Quién sabe por qué espacios brumosos y desiertos!
¡Oh Padre de los vivos, adónde van los muertos,
adónde van los muertos, Señor, adónde van!

Tal vez en un planeta bañado de penumbra
sin fin, un sol opaco, ya casi extinto, alumbra,
cuitada peregrina, mirando en rededor
ilógicos aspectos de seres y de cosas,
absurdas perspectivas, creaciones misteriosas,
que causan extrañeza sutil y vago horror.

Acaso está muy sola. Tal vez mientras yo pienso
en ella, está muy triste; quizá con miedo esté,
tal vez se abre a sus ojos algún arcano inmenso.
¡Quién sabe lo que siente, quién sabe lo que ve!

Quizá me grita: "¡Hijo!" buscando en mí un escudo.
¡Mi celo tantas veces en vida la amparó!
Y advierte con espanto que todo se halla mudo.
Que hay algo en las tinieblas fatídico y sañudo,
que nadie la protege ni le respondo yo.

¡Oh Dios!, me quiso mucho; ¡sus brazos siempre
[abiertos
como un gran nido, tuvo para mi loco afán!
Guiad hacia la Vida sus pobres pies inciertos...
¡Piedad para mi muerta! ¡Piedad para los muertos!
¡Adónde van los muertos, Señor adónde van!

Amado Nervo

Al Cristo

Señor, entre la sombra voy sin tino:
la fe de mis mayores ya no se vierte
su apacible fulgor en el camino:
¡mi espíritu está triste hasta la muerte!

Busco en vano una estrella que me alumbre:
busco en vano un amor que me redima;
mi divino ideal está en la cumbre,
y yo, ¡pobre de mí!, yazgo en la cima...

La lira que me diste, entre las mofas
de los mundanos, vibra sin concierto;
¡se pierden en la noche mis estrofas,
como el grito de Agar en el desierto!

Y paria de la dicha y solitaria,
siento hastío de todo y cuanto existe...
Yo, Maestro, cual Tú, subo al Calvario,
y no tuve Tabor... cual lo tuviste...

Ten piedad de mi mal, dura es mi pena,
numerosas las lides en que lucho:
fija en mí tu mirada que serena,
y dame, como un tiempo a Magdalena,
la calma: ¡yo también he amado mucho!

Amado Nervo

Canto a México

Peregrino incansable y sensitivo,
nostálgico romero,
después de conocer tus maravillas,
quiero cantarte ¡noble y grande México!

Ya sé que tú eres rico en música y canciones.
Desde Sonora al Istmo Oaxaqueño,
de Monterrey hasta Campeche y Mérida,
del uno al otro Océano.
Lo mismo en las Huastecas o el Bajío,
que en Veracruz, Querétaro o Guerrero,
tus aires van poblados de cantares,
saturados de líricos arpegios.

Y al recorrer tus campos florecidos
me parece escuchar el bordoneo
de múltiples guitarras mexicanas
por todos los senderos.
Con esa melodía quiero entonar mi voz
un canto español que sabe amar al Pueblo,
acogedor y humilde con los que son sencillos,
altivo y arrogante con todos los soberbios;
a la Patria gallarda
nacida con Hidalgo y con Morelos,
amasada con sangre y con fatigas,
codiciada por ojos extranjeros.

Que es dignidad en Juárez,
ilusión democrática en Madero,
patriótica pasión en Pancho Villa
y en Zapata es un rústico evangelio.

Que es sublime hontanar de poesía
en Sor Juana, Velarde, Urbina y Nervo:
que es gracia en Gaona y Armillita
en la plástica Fiesta del toreo;
con Orozco y Rivera,
una explosión artística
de históricos reflejos.

Y anhelando otra clase de grandezas,
en un místico afán ultraterreno,
hace del Tepeyac florida escala
para elevarse al Cielo.

Por todos tus poetas,
por todos tus patriotas y guerreros,
por todos tus artistas y escritores,
por tus ilustres sabios y tus obreros recios.

Por los que abren escuelas
y los que crean fábricas,
por quienes con amor cultivan
tu ancho suelo,
por los que en Asambleas de Naciones
tu claro nombre van enalteciendo...

¡Por todos y por ti, México prócer,
vaya mi canto de español acento!

Roque Nieto Peña

La infanta jorobadita

Hila, hila que te hila
hilaban las dos infantas.

La mayor, hilos de oro,
la segunda, hilos de plata.

La más niña de las tres
se distraía y no hilaba.
Sobre el faldellín de raso
ociosa la mano blanca,
los ojos claros perdidos
más allá de la ventana,
en la noche, toda llena
de estrellas y luna clara...

Con la sonrisa en los labios
la miraban las dos hermanas.
Como era jorobadita
todas la menospreciaban.

Entraba en esto la dueña,
la dueña temblona y cana:

—¿Qué están hilando a estas horas,
mis señoras las infantas?

—Yo hilo un vestido de oro,
yo hilo un vestido de gala,
para lucirlo en las bodas
que mi padre me prepara.

Yo hilo un vestido de corte,
yo hilo un vestido de plata,
para esperar al buen príncipe,
el de la pluma de grana.

Y mi infantita la ociosa
¿que tiene que no hila nada?

—No espero bodas ni príncipes,
ni hilo con oro ni plata.

Hilo rayos de lucero
y rayos de luna clara,
sin otra devanadera
que el anhelo de mi alma.

Un vestido voy tejiendo
claro y sutil como el alba.
Cuando lo tenga acabado
vendrá por mí el que me ama.

No sé si será esta noche,
no sé si será mañana.
Sólo sé que allá, muy lejos,
alguien me quiere y me llama...

Con la sonrisa en los labios
la oían sus dos hermanas.

Como era jorobadita
todos la menospreciaban.

Esto fue la primera noche...
Cuando sonreía el alba,
murió la jorobadita,
como se muere una lámpara.

Corrió por todo el palacio
la noticia comentada;
—No vivía en este mundo.
Era una criatura extraña.

Sus hermanas, recelando
por sus trajes de oro y plata,
preguntaban a la dueña:
—¿Qué dura el luto de infantas...?

A la noche la regaron
de lirios y rosas blancas.
La sacaron de puntillas
por una puerta excusada.

Como si fuera al encuentro
del novio que ella soñaba,
iba la risa en sus labios;
la paz en su frente blanca.

Las estrellas y la luna
la vestían de oro y plata.

José María Peman

Fusiles y muñecas

Juan y Margot, dos ángeles hermanos
que embellecen mi hogar con sus cariños,
se entretienen con juegos tan humanos
que parecen personas desde niños.

Mientras Juan, de tres años, es soldado
y monta en una caña endeble y hueca,
besa Margot con labios de granado
los labios de cartón de su muñeca.

Lucen los dos sus inocentes galas,
y alegres sueñan en tan dulces lazos:
él, que cruza sereno entre las balas;
ella, que arrulla a un niño entre sus brazos.

Puesto al hombro el fusil de hoja de lata,
el quepís de papel sobre la frente,
alienta el niño en su inocencia grata
el orgullo viril de ser valiente.

Quizá piensa, en sus juegos infantiles,
que en este mundo que su afán recrea,
son como el suyo todos los fusiles
con que la torpe humanidad pelea.

Que pesan poco, que sin odios lucen,
que es igual el más débil al más fuerte,

y que, si se disparan, no producen
humo, fragor, consternación y muerte.

¡Oh, misteriosa condición humana!
Siempre lo opuesto buscar en la tierra;
ya delira Margot por ser anciana,
y Juan, que vive en paz, ama la guerra.

Mirándoles jugar me aflijo y callo.
¿Cuál será sobre el mundo su fortuna?
Sueña el niño con armas y caballo,
la niña con velar junto a la cuna.

El uno corre de entusiasmo ciego,
la niña arrulla a su muñeca inerme,
y mientras grita el uno: *Fuego, Fuego*
la otra murmura triste: *Duerme, Duerme.*

A mi lado ante juegos tan extraños
Concha, la primogénita, me mira:
¡es toda una persona de seis años
que charla, que comenta y que suspira!

¿Por que inclina su lánguida cabeza
mientras deshoja inquieta algunas flores?
¿Será la que ha heredado mi tristeza?
¿Será la que comprende mis dolores?

Cuando me rindo del dolor al peso,
cuando la negra duda me avasalla,
se me cuelga del cuello, me da un beso,
se le saltan las lágrimas, y calla.

Sueltas sus trenzas claras y sedosas,
y oprimiendo mi mano entre sus manos,
parece que medita en muchas cosas
al mirar cómo juegan sus hermanos.

Margot, que canta en madre transformada,
y arrulla a un hijo que jamás se queja,
ni tiene que llorar desengañada,
ni el hijo crece, ni se vuelve vieja.

Y este guerrero audaz de tres abriles
que ya se finge apuesto caballero,
no logra en sus campañas infantiles
manchar con sangre y lágrimas su acero.

¡Inocencia! ¡Niñez! ¡Dichosos nombres!
Amo tus goces, busco tus cariños;
¡cómo han de ser los sueños de los hombres,
más dulces que los sueños de los niños!

¡Oh, mis hijos! No quiera la fortuna
turbar jamás vuestra inocente calma,
no dejéis esa espada ni esa cuna:
¡cuando son de verdad, matan el alma!

Juan de Dios Peza

A una ramera

Vitium in corde est idolum in altare
San Jerónimo

Mujer preciosa para el bien nacida,
mujer preciosa por mi mal hallada,
perla del solio del Señor caída
y en albañal inmundo sepultada;
cándida rosa en el edén crecida
y por manos infames deshojada;
cisne de cuello alabastrino y blando
en indecente bacanal cantado.

Objeto vil de mi pasión sublime,
ramera infame a quien el alma adora,
¿por qué ese Dios ha colocado, dime,
el candor en tu faz engañadora?
¿Por qué el reflejo de su gloria imprime
en tu dulce mirar? ¿Por qué atesora
hechizos mil en tu redondo seno,
si hay en tu corazón lodo y veneno?

Copa de bendición de llanto llena,
do el crimen su ponzoña ha derramado;
ángel que el cielo abandonó sin pena,
y en brazos del demonio se ha entregado;
mujer más pura que la luz serena,
más negra que la sombra del pecado,

oye y perdona si al cantarte lloro:
porque, ángel o demonio, yo te adoro.

Por la senda del mundo yo vagaba
indiferente en medio de los seres;
de la virtud y el vicio me burlaba,
me reí del amor, de las mujeres,
que amar a una mujer nunca pensaba;
y hastiado de pesares y placeres
siempre vivió con el amor en guerra
mi ya gastado corazón de tierra.

Pero te vi... te vi... ¡Maldita la hora
en que te vi, mujer! Dejaste herida
mi alma que te adora, como adora
el alma que de llanto está nutrida;
horrible sufrimiento me devora,
que hiciste la desgracia de mi vida,
mas dolor tan inmenso, tan profundo,
no te cambio, mujer, por todo un mundo.

¿Eres demonio que arrojó el infierno
para abrirme una herida mal cerrada?
¿Eres un ángel que mandó el Eterno
a velar mi existencia infortunada?
¿Este amor tan ardiente, tan interno
me enaltece, mujer, o me degrada?
No lo sé... no lo sé... yo pierdo el juicio
¿Eres el vicio tú?... ¡Adoro el vicio!

¡Ámame tú también! Seré tu esclavo,
tu pobre perro que doquier te siga;
seré feliz si con mi sangre lavo
tu huella, aunque al seguirte me persiga

ridículo y deshonra; al cabo... al cabo
nada me importa tu manchada historia
si a través de tus ojos veo la gloria.

Yo mendigo, mujer, y tú ramera,
descalzos por el mundo marcharemos;
que el mundo nos desprecie cuanto quiera;
en nuestro amor un mundo encontraremos;
y si, horrible miseria nos espera,
ni de un rey por el trono la daremos
que cubiertos de andrajos asquerosos
dos corazones latirán dichosos.

Un calvario maldito hallé en la vida,
en el que mis creencias expiraron,
y al abrirme los hombres una herida,
de odio profundo el alma me llenaron;
por eso el alma de rencor henchida
odia lo que ellos aman, lo que amaron,
y a ti sola, mujer, a ti yo entrego,
todo ese amor que a los hombres niego.

Porque nací, mujer, para adorarte
y la vida sin ti me es fastidiosa,
que mi único placer es contemplarte
aunque tú halles mi pasión odiosa,
yo, nunca, nunca dejaré de amarte.
Ojalá que tuviera alguna cosa
más que la vida y el amor, más cara
y por ti sin violencia la inmolara.

Sólo tengo una madre, ¡me ama tanto!
sus pechos mi niñez alimentaron,
y mi sed apagó su tierno llanto,

y sus vigilias hombre me formaron;
a ese ángel para mí tan santo
última fe de creencias que pasaron,
a ese ángel de bondad, ¡quién lo creyera!
olvido por tu amor... ¡loca ramera!

Sé que tu amor no me dará placeres,
sé que burlas mis grandes sacrificios;
eres tú la más vil de las mujeres;
conozco tu maldad, tus artificios;
pero te amo, mujer, te amo como eres;
amo tu perversión, amo tus vicios,
y aunque maldigo el fuego en que me inflamo
mientras más vil te encuentro, más te amo.

Quiero besar tu planta a cada instante,
morir contigo de placer beodo;
porque es tuya mi mente delirante,
yo que soy en amores inconstante,
y tuyo es ¡ay mi corazón de lodo!
Hoy me siento por ti capaz de todo;
por ti será mi corazón do imperas,
virtuoso, criminal, lo que tú quieras.

Yo me siento con fuerza muy sobrada,
y hasta un niño me vence sin empeño,
¿soy águila que duerme encadenada
o vil gusano que titán me sueño?
Yo no sé si soy mucho, o si soy nada;
si soy átomo grande, o Dios pequeño;
pero gusano o dios, débil o fuerte,
sólo sé que soy tuyo hasta la muerte.

No me importa lo que eres, lo que has sido,
porque en vez de razón para juzgarte,

yo sólo tengo de ternura henchido
gigante corazón para adorarte.
Seré tu redención, seré tu olvido,
y de ese fango vil vendré a sacarte;
que si los vicios en tu ser se imprimen
mi pasión es más grande que tu crimen.

Es tu amor nada más lo que ambiciono:
de tu voz con el eco me emociono,
con tu imagen soñando me desvelo,
y por darte la dicha que yo anhelo
si fuera rey, te regalara un trono;
si fuera Dios, te regalara un cielo,
y si Dios de ese Dios tan grande fuera,
me arrojara a tus plantas, vil ramera.

Antonio Plaza

El seminarista de los ojos negros

I

Desde la ventana de un casucho viejo
abierto en verano, cerrado en invierno
por vidrios verdosos y plomos espesos,
una salmantina de rubio cabello
y ojos que parecen pedazos de cielo,
mientras la costura mezcla con el rezo,
ve todas las tardes pasar en silencio
los seminaristas que van de paseo.

Baja la cabeza, sin erguir el cuerpo,
marchan en dos filas pausados y austeros
sin más nota alegre sobre el traje negro
que la beca roja que ciñe su cuello
y que por la espalda casi roza el suelo,

II

Un seminarista, entre todos ellos,
marcha siempre erguido, con aire resuelto.
La negra sotana dibuja su cuerpo
gallardo y airoso, flexible y esbelto.

Él solo a hurtadillas y con el recelo
de que sus miradas observen los clérigos,
desde que en la calle vislumbra a lo lejos
a la salmantina de rubio cabello
la mira muy fijo, con mirar intenso.

Y siempre que pasa le deja el recuerdo
de aquella mirada de sus ojos negros.

III

Monótono y tardo va pasando el tiempo
y muere el estío y el otoño luego,
y vienen las tardes plomizas de invierno.

Desde la ventana del casucho viejo
siempre sola y triste rezando y cosiendo
una salmantina de rubio cabello
ve todas las tardes pasar en silencio
los seminaristas que van de paseo.

Pero no ve a todos: ve sólo a uno de ellos,
su seminarista de los ojos negros.

IV

Cada vez que pasa gallardo y esbelto,
observa la niña que pide aquel cuerpo
en vez de sotana.

Cuando en ella fijó sus ojos abiertos
con vivas y audaces miradas de fuego,
parece decirle: ¡Te quiero!, ¡te quiero!,

¡yo no he de ser cura, yo no puedo serlo!
¡Si yo no soy tuyo me muero, me muero!

A la niña entonces se le oprime el pecho,
la labor suspende, y olvida los rezos,
y ya vive sólo en su pensamiento
el seminarista de los ojos negros.

V

En una lluviosa mañana de invierno
la niña que alegre saltaba del lecho,
oyó tristes cánticos y fúnebres rezos:
por la angosta calle pasaba un entierro.

Un seminarista sin duda era el muerto,
pues cuatro llevaban en hombros el féretro,
con la beca roja encima cubierto,
y sobre la beca el bonete negro.

Con sus voces roncas cantaban los clérigos:
los seminaristas iban en silencio,
siempre en dos filas hacia el cementerio,
como por las tardes al ir de paseo.

La niña angustiada miraba el cortejo:
los conoce a todos a fuerza de verlos...
Sólo uno faltaba entre todos ellos:
el seminarista de los ojos negros.

VI

Corrieron los años, pasó mucho tiempo...
Y allá en la ventana del casucho viejo,

una pobre anciana de blancos cabellos,
con la tez rugosa y encorvado el cuerpo,
mientras la costura mezcla con el rezo,
recuerda con tristeza, por las tardes.
al seminarista de los ojos negros.

Miguel Ramos C.

El idilio de los volcanes

El Iztaccíhuatl traza la figura yacente
de una mujer dormida bajo el Sol.
El Popocatépetl flamea en los siglos
como una apocalíptica visión;
y estos dos volcanes solemnes
tienen una historia de amor,
digna de ser cantada en las complicaciones
de una extraordinaria canción.

Iztaccíhuatl —hace miles de años—
fue la princesa más parecida a una flor,
que en la tribu de los viejos caciques
del más gentil capitán se enamoró.
El padre augustamente abrió los labios
y díjole al capitán seductor
que si tornaba un día con la cabeza
del cacique enemigo clavada en su lanzón,
encontraría preparados, a un tiempo mismo,
el festín de su triunfo y el lecho de su amor.

Y Popocatépetl fuese a la guerra
con esta esperanza en el corazón:
domó las rebeldías de las selvas obstinadas,
el motín de los riscos contra su paso vencedor,

la osadía despeñada de los torrentes,
la asechanza de los pantanos en traición;
y contra cientos de cientos de soldados,
por años gallardamente combatió.

Al fin tornó a la tribu (y la cabeza
del cacique enemigo sangraba en su lanzón).
Halló el festín del triunfo preparado,
pero no así el lecho de su amor;
en vez del lecho encontró el túmulo
en que su novia, dormida bajo el Sol,
esperaba en su frente el beso póstumo
de la boca que nunca en la vida besó.

Y Popocatépetl quebró en sus rodillas
el haz de flechas; y, en una sola voz,
conjuró las sombras de sus antepasados
contra la crueldad de su impasible Dios.
Era la vida suya, muy suya,
porque contra la muerte ganó:
tenía el triunfo, la riqueza, el poderío,
pero no tenía el amor...

Entonces hizo que veinte mil esclavos
alzaran un gran túmulo ante el Sol:
amontonó diez cumbres
en una escalinata como alucinación;
tomó en sus brazos a la mujer amada,
y él mismo sobre el túmulo la colocó;
luego, encendió una antorcha, y, para siempre,
quedóse en pie alumbrando el sarcófago de su dolor.

Duerme en paz Iztaccíhuatl, nunca los tiempos
borrarán los perfiles de tu casta expresión.
Vela en paz, Popocatépetl: nunca los huracanes
apagarán tu antorcha, eterna como el amor...

José Santos Chocano

La guerra

Dos soldados arma en puño,
el uno del otro al lado,
con el pecho atravesado
cayeron sobre un terruño.
—¡Caray, qué lucha tan fiera!
—Sí.
—¿Fue tu brazo el que me hirió?
—Sí.
—¿Me aborrecías?
—¿Yo?
—Ni te conozco siquiera.
—¿Y tú?... ¿Me has herido?
—Sí.
—¡A ellos! —el jefe decía—;
y sin mirar lo que hacía,
el hierro en tu pecho hundí.
—¡Caray, qué lucha tan fiera!
—¡Vaya un modo de matarnos!
—¡Nos herimos sin odiarnos!
—¡Sin conocernos siquiera!
—¡Cómo me duele esta herida!
—¡Tampoco mi mal se calma!
—¿Me perdonas?
—¡Con el alma!
—¿Y tú?
—Yo, con alma y vida.
—Acércate.

—Será en vano:
estoy tan débil y tan...
—Dame tus brazos.
—Ahí van.
—Soy tu amigo.
—Soy tu hermano.
Tras indecible agonía
el uno del otro junto
expiraron en un punto,
murmurando: —¡Madre mía!
De pronto retembló el suelo,
y un rey, cubierto de Gloria,
pasó gritando: ¡Victoria!
Y Dios... ¿Qué dijo en el cielo?

Juan Tomás Salvany

Triunfo

*Homenaje a las Naciones Unidas en
el Día de la Victoria.*

Si queda en toda Europa una campana
de gótico metal alegre y fuerte
¡que vuele arrebatada en la mañana
en medio de los campos de la muerte!

Si acaso queda un niño ¡que no llore!
Si reza alguna madre todavía
su pálido rostro de agonía
¡llevadla con vosotros! ¡que no llore!

¡Que ya no llore nadie por sus muertos!
¡Que vuelen las campanas y palomas!
Que ya viene la paz con sus aromas
plantados en los hombros como en huertos.

Junto a los tristes hogares
y en los campos destrozados,
yacen siglos derribados
por las furias militares.

Claustros de paz y retiro,
refugios de procesiones,
catedrales y mansiones
donde hoy florece el suspiro.

Cadáveres y escombreras,
tristes vestigios humanos
del imperio de germanos
con la muerte en sus fronteras.

¡Ejércitos triunfantes! ¡Pabellones!
¡Soldados de raíz libertadora!
¡Banderas victoriosas de hora en hora!
¡Colores de la vida y las naciones!

Si algún pañuelo blanco es el postrero
—al cabo de los gritos y ovaciones—
en el inmenso mar de aclamaciones
a vuestro libre triunfo verdadero.

Si algún pañuelo blanco todavía
se queda saludando en el sendero
y, ronco, suena un grito valedero,
el último ha de ser en ese día.

El último en besar vuestra bandera:
que arriada está en mi patria, la primera
soñando, a media asta, compañeros.

¡Hurra de triunfos y victoria,
rubios soldados ingleses!
¡Hurra a vosotros, franceses
soldados, por vuestra gloria!

¡Hurra a los americanos
de ambos mares combatientes!
¡Hurra a los chinos valientes
en sus combates hermanos!

¡Hurra, corazón del mundo!
Encantados pabellones
¡hurra, corazón del mundo!

Soñando acompañaros en la hazaña
un estandarte sueña y resucita
una clara bandera que se agita
mordiéndose su llanto por mi España.

Se yergue y enarbola y se serena,
como viejo artillero veterano,
y os tiende, melancólica su mano
¡quién sabe de la sangre y de la arena!

Arturo Serrano Plaja

Cultivo una rosa blanca

Cultivo una rosa blanca,
en julio como en enero,
para el amigo sincero
que me da su mano franca.
Y para el cruel que me arranca
el corazón con que vivo,
cardo ni ortiga cultivo:
cultivo una rosa blanca.

José Martí

Para Aragón, en España

Para Aragón, en España;
tengo yo en mi corazón
un lugar todo Aragón,
franco, fiero, fiel, sin saña.

Si quiere un tonto saber
por qué lo tengo, le digo
que allí tuve un buen amigo,
que allá quise una mujer,

Allá, en la vega florida,
la de la heroica defensa,
por mantener lo que piensa
juega la gente la vida.

Y si un alcalde lo aprieta
o lo enoja un rey cazurro,
calza la manta el baturro
y muere con su escopeta.

Quiero a la tierra amarilla
que baña el Ebro lodoso;
quiero el Pilar azuloso
de Lanuza y de Padilla.

Estimo a quien de un revés
echa por tierra a un tirano;
lo estimo si es un cubano,
lo estimo, si es aragonés.

Amo los patios sombríos
con escaleras bordadas;
amo las naves calladas
y los conventos vacíos.

Amo la tierra florida,
musulmana o española,
donde rompió su corola
la poca flor de mi vida.

José Martí

Ansia

Soy hija de llanos. Nunca vi montañas.
Hace pocos años que conozco el mar
y vivo soñando con raros países
y vivo acosada del ansia de andar.

¡Tanto que tenemos luego que estar quietos,
tanto que más tarde hay que reposar,
y desperdiciamos la hora presente
y nos contentamos sólo con soñar!

¡Ay, los caminitos en ásperas cuestas,
serpentinas claras sobre las montañas!
¿No han de hollarlos nunca mis pies andariegos?
¿No he de ir yo nunca por tierras extrañas?

¿Nunca mis palabras, hartas de llanuras,
han de mirar cerca las cumbres soñadas?
¿Qué es lo que me guardan los dioses herméticos?
¿Qué, en mi canastilla, pusieron las hadas?

¡Ay, noche de insomnio, de agrio descontento,
de interrogaciones vanas e impacientes!
¡A veces parece que tañen campanas
y a veces, Dios mío, que silban serpientes!

Juana de Ibarbourou

Despecho

¡Ah, que estoy cansada! Me he reído tanto,
tanto, que a mis ojos ha asomado el llanto:
tanto, que este rictus que contrae mi boca
es un rastro extraño de mi risa loca.

Tanto, que esta intensa palidez que tengo
(como en los retratos de viejo abolengo)
es por la fatiga de la loca risa
que en todos mis nervios su sopor desliza.

¡Ah, que estoy cansada! Déjame que duerma,
pues, como la angustia, la alegría enferma.
¡Qué rara ocurrencia decir que estoy triste!
¿Cuándo más alegre que ahora me viste?

¡Mentira! No tengo ni dudas ni celos,
ni inquietud, ni angustias ni penas, ni anhelos.
Si brilla en mis ojos la humedad del llanto,
es por el esfuerzo de reírme tanto.

Juana de Ibarbourou

Bodas negras

Oye la historia que contóme un día
el viejo enterrador de la comarca:
—Era un amante a quien por suerte impía
su dulce bien le arrebató la Parca.
Todas las noches iba al cementerio
a visitar la tumba de la hermosa;
la gente murmuraba con misterio:
"es un muerto escapado de la fosa".
En una noche horrenda hizo pedazos
el mármol de la tumba abandonada,
cavó la tierra y se llevó en sus brazos
el rígido esqueleto de su amada.
Y allá, en su triste habitación sombría,
de un cirio fúnebre a la llama incierta
sentó a su lado la osamenta fría,
y celebró sus bodas con la muerta,
La horrible boca la cubrió de besos,
el yerto cráneo coronó de flores,
ató con cintas sus desnudos huesos,
y le contó sonriendo sus amores.
Llevó la novia al tálamo mullido,
se acostó junto a ella enamorado,
y para siempre se quedó dormido
al esqueleto rígido abrazado.

Carlos Borges

Coloquio bajo el laurel

Quiero que me cultives, hijo mío,
en tu modo de estar con el Recuerdo,
no para recordar lo que yo hice,
sino para ir haciendo.

Que las cosas que hagas lleven todas
tu estampa, tu manera y tu momento.
Y cultiva mi amor con tu conducta
y riega mi laurel con tus ejemplos.

Volviendo están los años más sucios de la Historia,
pero si sobrevives, será tu tiempo el tiempo
de la bondad triunfante; de la justicia erguida.
Donde la voz alcance la libertad del sueño;
para entonces, quisiera que fueras bueno y grande,
que tu conciencia fuera, no de un hombre, de un pueblo,
pero que tu grandeza fuera la cosa tuya
y tu bondad la cosa tuya y de mi recuerdo.
Tú eres el hombre, hijo, de la hora esperada,
pero, si has de creerme, la bondad es lo cierto,
y para poseerla, precisa ser valientes;
la bondad es lo dulce del valor y el respeto.
Si alguien te pide tu sabiduría,
dásela, aunque se niegue a creer en tu credo;

pasión y poesía y amor de América,
ciega de sol, preñada de porvenir.
    Varón Popocatépetl, hombre Orizaba,
por el pecho te miro correr la lava
y en los ojos la interna llama fulgir.

Andrés Eloy Blanco

Enterrar y callar

Si han muerto entre centellas femeninas
inmolados por cráteres de acero,
ahogados por un río de caballos,
aplastados por saurios maquinales,
degollados por láminas de forja,
triturados por hélices conscientes,
quemados por un fuego dirigido,
¿enterrar y callar?

Si han caído de espaldas en el fango
con un hoyo violeta en la garganta,
si buitres de madera y aluminio
desde el más apto azul les dieron muerte,
si el aire que bebieron sus pulmones
fue un resuello de nube ponzoñosa,
si así murieron sin haber vivido,
¿enterrar y callar?
Si las voces de mando los mandaron
deliberadamente hacia el abismo,
si humedeció sus áridos cadáveres
el llanto encubridor de los hisopos,
si su sangre de jóvenes, su sangre
fue tan sólo guarismo de un contrato,
si las brujas cabalgan en sus huesos,
¿enterrar y callar?

Enterrar y gritar.

Miguel Otero Silva

La poesía

III

Tú, poesía,
sombra más misteriosa
que la raíz oscura de los añosos árboles,
más del aire escondida
que las venas secretas de los profundos minerales,
lucero más recóndito
que la brasa enclaustrada en los arcones de la tierra.

Tú, música tejida
por el arpa inaudible de las constelaciones,
tú, música espigada.

Miguel Otero Silva

El divino amor

Te ando buscando, amor que nunca llegas,
te ando buscando, amor que te mezquinas,
me aguzo por saber si me adivinas,
me doblo por saber si te me entregas.

Las tempestades mías, andariegas,
se han aquietado sobre un haz de espinas:
sangran mis carnes gotas purpurinas
porque a salvarme, ¡oh, niño!, te me niegas.

Mira que estoy de pie sobre los leños,
que a veces bastan unos pocos sueños
para encender la llama que me pierde.

Sálvame, amor, y con tus manos puras
trueca este fuego en límpidas dulzuras
y haz de mis leños una rama verde.

Alfonsina Storni

Dolor

Quisiera esta tarde divina de octubre
pasear por la orilla lejana del mar;
que la arena de oro y las aguas verdes
y los cielos puros me vieran pasar...

Ser alta, soberbia, quisiera,
como una romana, para concordar
con las grandes olas, y las rocas muertas
y las anchas playas que ciñen el mar.

Con el paso lento y los ojos fríos
y la boca muda dejarme llevar;
ver cómo se rompen las olas azules
contra los granitos y no parpadear;

ver cómo las aves rapaces se comen
los peces pequeños y no suspirar;
pensar que pudieran las frágiles barcas
hundirse en las aguas y no despertar;

ver que se adelanta, la garganta libre,
el hombre más bello; no desear amar...
Perder la mirada distraídamente,
perderla y que nunca la vuelva a encontrar:
y, figura erguida entre cielo y playa,
¡sentirme el olvido perenne del mar!

Alfonsina Storni

El clamor

Alguna vez andando por la vida,
por piedad, por amor,
como se da una fuente, sin reservas,
yo di mi corazón.

Y dije al que pasaba, sin malicia,
y quizá con fervor:
Obedezco a la ley que nos gobierna:
he dado el corazón.

Y tan pronto lo dije, como un eco
ya se corrió la voz:
—Ved la mala mujer, ésa que pasa;
ha dado el corazón.

De boca en boca, sobre los tejados,
rodaba este clamor:
—¡Echadle piedras, eh, sobre la cara;
ha dado el corazón!

Ya está sangrando, así, la cara mía,
pero no de rubor;
que me vuelvo a los hombres y repito:
¡He dado el corazón!

Alfonsina Storni

Índice

Esta obra se terminó de imprimir en los talleres de
Impresora Publi-mex, S.A. de C.V.
Calz. San Lorenzo No. 279 32 Col. Estrella Iztapalapa
C.P. 09850, México, D.F.
Se imprimieron 1,000 ejemplares más sobrantes